广告专业“十三五”规划教材
21世纪广告学实用教材

广告媒体策划与应用（第二版）

崔银河 编著

中国传媒大学出版社
·北京·

目　　录

绪 论

当人类出现后，人——这一地球上唯一的高级智慧生命就将信息的相互传递与接收作为其生活中的一个重要组成部分。据考古研究发现，早在远古时期，当时的人类虽然还生活在极度落后的原始的生活状态下，但他们已经懂得利用在大石块上刻出各种图形来传递信息，这种大石块和刻在上面的图形自然也就成了原始媒体广告。经历了上万年的发展演变，人类传递信息的载体不再仅仅局限于大石块这样一种单纯的载体了。幌子、招牌、声响等媒体相继出现，这些媒体利用自身能够传递信息的属性而被人类充分地利用起来，为社会的进步与发展发挥重要的传播作用。1579 年，在意大利的佛罗伦萨出现了世界上第一份报纸，该报每周刊出一次商业广告。由此，媒体开始进入近代发展阶段。1895 年 12 月 28 日，当法国的卢米埃尔(Lumière)兄弟在巴黎市卡布辛路的大咖啡馆地下室里向观众放映世界上第一部电影时，一个传播速度更快的全新媒体诞生了，这就是电波视觉传播媒体。由此开始，由于媒体自身的飞速发展，人类开始步入一个更加文明的现代社会。

我们知道，广告媒体是将广告诉求变为大众接收信息的载体，或者说是运载工具。广告只有通过媒体的传播才能被大众所知道、所了解。因此，各类广告媒体的具体选用就直接关系到广告传播的范围和对大众的影响程度，也关系到整个广告策划、创意预设意图最终能否实现，更关系到整个广告活动的进行。所以，详细了解各类媒体的不同特性与信息传播特点，周密、有效地策划媒体投放策略，是策划整个广告活动的一个重要组成部分，更是考量广告活动效果与商品营销成败的关键。

媒体又被称为媒介，指传送信息的载体或工具。广告媒体则指广告媒体物，凡是能够在广告讯息与传达对象之间起到传递和桥梁作用的物质技术手段，都可以被称为广告媒体。媒体在传播各种商业广告信息的同时，亦通过发布讯息来引导、刺激消费者的购买行为。

一、主要广告媒体的发展历程

作为一本讲解广告媒体的书,本书有必要在开头简要地回溯一下几大主要媒体的发展历程。

1. 电视媒体

电视是现代媒体的一个基本组成部分,它的诞生可以追溯到19世纪末机械电视的出现,当时就已经有人开始尝试研究传送图像的技术。19世纪末20世纪初,欧美等发达国家的许多科研人员都参与了与电视机有关的科研活动,并取得了一定的技术成果。不过这些技术成果都还在电视机的边缘徘徊,虽然它们为后来电视机的正式发明奠定了一定的技术基础,但还不能称为电视的雏形。这种努力一直持续到1926年。那一年,两大成就震撼了尚在襁褓之中的世界电视界:1926年1月26日,英国发明家约翰·贝尔德(John L. Baird)在伦敦用“扫描”的方式把木偶的图像从一个房间传送到另一个房间,这是在电视画面史上首次公开展示的画面,画面虽然模糊,但足以让人在屏幕上看到,贝尔德也因此被称为“电视之父”;同年,俄裔美国科学家兹沃雷金(Vladimir Kosma Zworykin)发明了显像管,这项发明后来被进一步发展成阴极射线管,它也是电视机接收装置的重要元器件之一,今天电视的接收成像原理就是根据他的发明改进而来的。必须指出的是,这两大成就都是在电视机先驱发明家的先期发明基础上取得的(如德国人尼普科夫〈Paul Gottlieb Nipkow〉的圆盘扫描法、英国人贝尔威尔和德国人柯隆发明的一次电传一张照片的电视技术等)。在这两大成就的指引下,电视这一新兴事物正式步入了快速发展的轨道。

应该说,初期电视的发明与发展主要是在美国大陆进行的,这与当时美国强大的经济实力和对新媒体迫切的商业需求密不可分。除此之外,美国相对宽松的媒体管制政策也为电视媒体的发展提供了合适的环境。以美国无线电公司为代表的一些媒体集团力图开拓电视市场,它们和少数资金雄厚的资本家不谋而合,大力赞助科学家,让科学家参加与电视有关的科研活动,电视热在美国开始兴起。在这里我们要着重提及美国无线电公司,正是在美国无线电公司的财力与物力的支持下,才有了被称为电视机之核心部件的兹沃雷金显像管,才有了之后一系列技术上的创新。后来,美国高等法院判决西屋电气公司和通用电气公司从美国无线电公司中剥离出去，这在很大程度上妨碍了美国无线电公司的电视发展计划，但同时也防止了电视资源的垄断化，并使其他有能力的公司进入电视领域。

在世界电视发展史上，还有一位不得不提的重要人物，他就是美国发明家法恩斯沃斯(Philo Taylor Farnsworth)。他在私人赞助之下研制出了一套能与美国无线电公司相媲美的"类电视"系统，获取了比兹沃雷金发明的系统分辨率还要高的图像，这就在电视的研发上与美国无线电公司展开了一场竞赛。不过，美国无线电公司近乎垄断性的资源和庞大的力量让法恩斯沃斯在这种竞争中无力长时间保持领先地位。法恩斯沃斯最终被迫同意将自己设计的电视系统专利估价售与美国无线电公司。这就使美国无线电公司在还是朝阳产业的电视领域具有了绝对的优势。站在这一历史时刻的美国无线电公司也没有浪费自己的资源，同样为电视的发展作出了杰出的贡献。如，该公司成功地运用电视对纽约市的一场火灾做了人类历史上的第一次电视现场直播，动用了丰富的资源赞助兹沃雷金等发明家对电视技术进行持续的探索和改进；该公司的电视机在纽约世界博览会上首次向社会公众展出，公司推出的 441 线系统和过去一直停止在 100～200 线的技术相比，前进了一大步。①

在以美国无线电公司为代表的企业界巨头的推动下，电视机问世了。1938 年，社会大众已经可以在商店里买到这种当时还属稀罕物的机械方块了。刚面世的电视机屏幕尺寸很小，普遍都在 3 英寸—12 英寸之间，用户观看时比较费劲，而且售价偏高，这就限制了普通人对电视的购买行为。随着技术的不断进步，电视这一传媒工具逐渐被社会接受和认同，越来越多的生产商进入电视领域，并迫使美国联邦通讯委员会采取措施对电视业制定标准，扶持电视业的发展。1939 年，美国开始播出固定的电视节目，从此人们的生活与电视产生了深刻而复杂的联系。电视作为一种媒体工具开始走进丰富多彩的新闻信息世界。

在关注美国电视业发展情况的同时，我们也不应该忘记英国等欧洲国家在电视领域取得的成就。这些成就与美国无线电公司等行业巨头的成就交相辉映，共同构成了世界电视业发展的基础。1936 年，英国广播公司在伦敦播出了一场大规模的歌舞表演节目，并开通定期电视广播，它标志着英国电视事业的起步。同年，在柏林举办的第 11 届奥林匹克运动会上，初生的电视以媒体工具的身份首次报道比赛实况。在这次奥运会上，拍摄精彩比赛实况的是体积庞大的全电子摄像

① 〔美〕迈克尔·埃默里，等．美国新闻史[M]．展江，译．北京：中国人民大学出版社，2004：413-415．

机。它的一个镜头就重45公斤、长2.2米,比今天我们看到的电视新闻工作者背负的"长枪短炮"更重更长,因此也被人们戏称为"电视大炮"。此后,电视开始在英国富裕家庭中普及。1937年,英国广播公司在播放英王乔治五世加冕大典时,全英国已有5万观众通过电视收看这一盛大典礼。据统计,在第二次世界大战爆发时,英国已有约两万个家庭拥有了电视机。

综上所述,在20世纪30~40年代期间,电视业在美国、英国等发达资本主义国家有了长足的发展和进步,电视业步入了它的青年期,也是在这段时间内,电视业完成了对自己的基本定型。

20世纪50年代,随着彩色电视机的问世,电视又迎来了一个新的发展时期。1953年,在哥伦比亚广播公司(CBS)迟迟无法在彩色电视上取得进展的情况下,美国联邦通信委员会批准了由美国无线电公司研制的一种被称为National Television System Committee(NTSC)的兼容制式彩色电视系统正式进入市场,并于1954年正式开播。这种新的系统能够保证彩色电视机和黑白电视机都能接收节目,这就成功地避免了由于系统更新换代导致的一系列问题。同时还能使黑白电视机的用户不必马上就花费高额的价钱更换自己的电视机,这是一种让电视公司和电视用户双赢的运作系统。

但彩色电视机的诞生并不能完全满足人们对电视功能的要求,反而刺激了人们对电视信号在全球自由传输的渴望。在这方面,通信卫星显示出其自身的价值。我们可以把通信卫星比作一位信使,它的任务就是收集发自地球的各种信号,然后通过传输机制再把收集到的信号传送到地球上的任何一个地方。通信卫星一般运行在离地球36000公里的太空,因此它在地球上的覆盖面非常大。据科学测算,一颗卫星就可以承担覆盖三分之一地球表面的通信工作,在静止轨道上放置三颗通信卫星,其传输的信号就可以覆盖整个地球,实现除南北两极之外的全球通信。因此可以说,地球村的概念在通信卫星发射升空之时就已经初步形成了。1958年12月,第一颗用于实验的通信卫星由美国发射升空,虽然只是试验,也并未投入实质运行,但它还是开创了世界卫星通讯的先河。1963年,美国和日本通过中继1号卫星第一次实现了横跨整个太平洋的电视信号传输。从此,只能依靠海底电缆进行信号跨洋传输成为历史。再后来,随着"国际通信卫星1号"等通信卫星的发射成功,卫星通信开始进入快速发展阶段,并逐渐在全球电视信号传输中占据重要地位。1984年,中国发射了第一颗自己研制的通信卫星,并将其命名为"东方红二号"。

通信卫星使电视信号的传输速度大大加快,也不再需要跨洋铺设海底电缆,不论是在效率上还是在效益上都对电视的发展大有助益。另外,通过卫星传输信号,人类能够在世界范围内进行实况直播。世界性的政治、文化、体育盛会(如国家领导人的就职典礼、世界奥林匹克运动会、维也纳新年音乐会等)通过卫星传输信号迅速将画面呈现在世界各地的电视屏幕上,送达到每一个收看电视节目的人面前,电视传播的范围得到了极大的拓展。

为了更好地说明通信卫星的出现为电视插上了"翅膀",我们可以试举一例。如 200 多个国家(或地区)购买了 2006 年德国世界杯足球赛的比赛转播权,超过 300 亿人次通过电视观看了本次世界杯比赛,能收到比赛信号的地区之广、观看比赛的人次之多,在世界杯历史上都是前所未有的。卫星传送使电视传播的地域界限日渐模糊甚至消失。从 1965 年发射"国际通信卫星 1 号"到 1980 年国际通信卫星组织累计发射五颗国际通信卫星,这十五年是电视蓬勃发展的时期,在通信卫星的促进下,电视实现了跨越式的发展。

1980 年之后,蓬勃发展的数字电视登场了。数字电视的发展史就是一部科技竞争史。数字电视的概念最早是由欧洲的电视制造公司提出来的:1979 年,世界上第一个图文电视系统在英国伦敦开通;1985 年,英国电信公司在数字技术的基础上推出了综合数字通信网络,向用户提供传真、语音、图文传递等数字业务。不过,由于技术的限制,早期的数字电视在图像清晰度和节目内容质量上都还有不足。直到 1989 年美国产生了把模拟信号转换成数字信号进行传输的技术后,这一状况才有了根本性的改善。20 世纪 90 年代,随着数字技术的日臻成熟和国际间技术交流的频繁,大部分国家都把发展高清晰度数字电视提上了议事日程,以期达到通过数字技术实现传输更清晰的图像和更高品质的声音的目的。

在数字电视方兴未艾之时,网络的崛起又为电视的发展带来了新的契机。在媒体融合的大背景下,电视与网络相互取长补短,网络电视的兴起就是对这一媒体发展过程的最好诠释。网络电视(IPTV)是指以家用电视机、个人电脑等为显示终端,通过互联网提供包括电视节目、电视点播、网上购物等在内的内容丰富的多媒体信息服务业务。网络电视能为用户提供娱乐、信息、教育、购物等各种各样的服务,属于个性化的影像传播方式,因此受到了以年轻人为主的用户群体的欢迎。不过,网络电视的发展对电视业来说是一把双刃剑:网络的发展很可能超越电视的发展,甚至取代电视,让电视成为一个历史名词。之所以这么说,是因为网络具有强大的渗透力和改造力。网络电视作为互联网与电视融合的产物,在初期还被当作电视等传统媒体在新媒体冲击下谋求生存与发展的典型和标兵,但是网络的特性决定了网络电视有朝一日可能会取代电视。这一判断的主要依据是电脑涵盖了电视太多的优势,通过网络,电脑不仅可以实现电视的大多功能,而且互联网还能提供比电视更加丰富精彩的内容,因此年轻一代很可能会逐渐舍弃电视而选择电脑。

2. 报纸媒体

报纸作为纸质媒体,是人类文明史上最伟大的发明之一,是传播领域最古老的载体之一。报纸的出现为人类文明的传承提供了理想的方式,为人类文明的进步作出了杰出的贡献。

据考证,报纸的雏形出现在中国。早在中国古代,就已经存在新闻传播活动。例如,由曾虚白主编的《中国新闻史》在引用了《汉书》《管子》《淮南子》等古籍后,推论中国古代的新闻活动最早起源于尧舜时代,并认为那时就已经出现了告示或评论政治得失的口传新闻。早在战国时期(公元前 475—公元前 211 年),中国就出现了最早的报纸——邸报。邸报是官府抄写的以皇帝谕旨和官员奏议为内容的刊物,由"邸吏"传发,所以称为"邸报"。以今天的报纸标准来看,邸报事实上已经具备了现代报纸的特点。从目前能收集到的资料来看,原藏于敦煌莫高窟的唐代的《进奏院状》是中国已知的保存最早的一份邸报,距今已有 1000 多年的历史。一直到清朝末代皇帝溥仪退位,邸报才退出历史舞台,终止了在中国古代新闻传播史上的使命。

然而,西方学者却普遍认为报纸最早出现在欧洲,他们一直声称世界上最早的报纸是公元前 60 年古罗马开办的《每日纪闻》(*Daily Record*)。据考古证实,《每日纪闻》其实只是一块木牌,立在元老院的门口,类似于今天城市社区内的公告牌,元老院经常用这种方式向市民发布元老院的最新决策。随着古罗马帝国版图的不断扩张,这一媒体传播形式受到了空间的限制。为了使元老院的决策能够迅速顺利地传达到帝国的每一个地区,同时也为了更好地统治帝国的民众(这也是其最终目的),古罗马执行官恺撒(Jules César)作出了一个对后世有深远影响的决定,即改变《每日纪闻》的传播方式,将元老院的决策写在布匹上,然后通过信使将之带到帝国各地,再由地方当局通过公告栏的形式将元老院的决策传递给民众。这是一种逐层传播的方式,可以说,这一传播方式对西方新闻史的影响是非常深远的。

报纸这种传播方式的诞生和发展依赖于印刷排版技术的进步，印刷排版技术的改进不断赋予报纸更强大的生命力。在印刷术发明之前，文字内容靠手抄、刀刻，信息制作和复制的速度很慢，效率极低，极不符合大众传播的媒体特征。这一情况直到印刷术发明后才逐渐得以改观。再往后，印刷技术不断改进。宋仁宗庆历年间，平民毕昇在雕版印刷术的基础上创造了活字印刷术，这是中国对世界文明作出的又一伟大贡献。与以前的印刷术相比，毕昇发明的活字印刷术具有简单灵活、方便轻巧的优点，因此得到广泛推广。毕昇发明的活字印刷术首先传到邻国朝鲜，后来又传到了日本、越南等国家。15 世纪，经由蒙古大军西征，活字印刷术传到了欧洲。据记载，公元 1456 年，德国工匠古登堡(Johannes Gutenberg)用由活字印刷术发展改进成的金属活字技术印制了《古登堡圣经》(*Gutenberg Bible*)，史学家认为这是欧洲第一部活字印刷品，但却比中国晚了四百多年。活字印刷术后来又快速传到其他欧洲国家，在提高欧洲民众识字率、摆脱欧洲民众文盲状况方面起到了不可替代的作用，同时对促进欧洲中世纪的文艺复兴运动的兴起作出了突出贡献。16 世纪，活字印刷术传到非洲、美洲，19 世纪传入澳洲大陆。至此，毕昇发明的活字印刷术传遍整个世界，毕昇也成了印刷史上最伟大的人物。

说到现代报纸的鼻祖，除了之前提到的邸报和《每日纪闻》外，还有一个不得不提的就是诞生于威尼斯的《威尼斯小报》(*Venice Gazette*)。Gazette(格塞塔)本意是一枚威尼斯硬币，因为一个 Gazette 就能买到这份小报，所以人们就约定俗成地把这份小报称为 *Venice Gazette*。这个词后来在欧洲流行开来，并成为西欧“报纸”一词的代名词。威尼斯小报后来改名为《威尼斯公报》。

有不少资料把世界上最早的报纸说成是 1609 年在德国斯特拉斯堡发行的名为《艾维苏事务报》和 *Reiation* 的报纸。但实际上早在 1579 年，意大利的佛罗伦萨就已有了报纸，该报每周刊出一次商业广告，当时的佛罗伦萨人非常热衷于这份报纸。“报纸”的英文单词“Newspaper”最早出现在 1665 年英国的第一家报纸《牛津公报》(*Oxford Gazette*)上。世界上第一份日报发行于 1650 年，但是当时日报在整个报业中的地位并不高，日报成为报业的主角是 18 世纪以后的事情。

报纸诞生之初，在形式上和内容上都与杂志混同，出版商把它们简单地装订成册，然后面向少数有能力支付昂贵阅读费用的社会上层人士推出。这一时期的报纸和杂志通常被笼统地称为“报刊”。从 18 世纪起，英、法两国的报纸与杂志开始分家,各自独立面世。在现代"报刊"出现 20 年后,中国的报纸和杂志才开始明确划分。

报纸与杂志在形式上、内容上的分离并不能说明报纸开始在社会中扮演了重要角色。因为现代意义上的报纸有每日出版一次的,也有每周出版几次或每周出版一次的,而古代的报纸是非定期、非连续发行的,并且都不是普遍面向社会公众发行的。历史上,西方国家的报纸大多经历了官报、党报和商业报纸这三个发展时期。在官报时期,报纸是封建王权的象征,主要被统治者用来进行愚民统治,报纸被封建贵族看成维护自己权威、宣扬封建王权思想的工具;在党报时期,很多报纸从诞生之日起就从属于各个政党或派别,是政党宣传各自政治主张或进行政治斗争的利器,内容上以政治评论为主,订费高昂,并局限在特别的群体中发行,加之报社长期以来忽视普通民众,因而那个时期的报纸在社会大众中无法普及。19 世纪 30 年代,资本主义国家出现了廉价的"便士报",号称"人人都看得起的报纸",每份报纸只卖一便士,价格十分低廉。在这些早期的便士报中,又以本杰明·戴(Benjamin H. Day)创办的《纽约太阳报》(*The New York Sun*)和詹姆士·贝内特(James Beanet)创办的《纽约先驱报》(*The Herald*)为代表。这些便士报成功地吸引了大批被统称为"平民"的读者。在面向中下层公众发行报纸时,这些报纸在内容上开始加大对社会新闻和娱乐新闻的报道力度,坚持煽情化的风格,最大限度地贴近公众、争取公众,而公众也随着自身文化水平的提高,要求改进报纸编辑水平,这也促使了一些有一定社会美誉度的报纸的出现,如上面所说的《纽约太阳报》。同时,报纸的经营开始摆脱政党的控制,将广告收入作为报纸经营的主要财源,将营利作为经营报纸的主要目的。于是,西方发达国家的报纸经营进入了商业报纸时期。与此同时,报纸也完成了由"观点纸"向"新闻纸"的转变。也只有到这个时期,报纸才成了现代意义上的"信息产业"中的一员,成为真正意义上的大众传播媒体。

到了现代社会,大众报纸开始在西方整个报业格局中占据较大的份额,而以中上层社会群体为目标读者的所谓高雅报纸,也逐渐从报业发展初期的震荡中稳定下来。从对社会的影响力来看,大众报纸虽然拥有庞大的读者群,但是由于其更侧重于社会新闻和娱乐新闻等极具煽情的内容,对政治、经济及外交等信息不够关注,无法提供营养丰富的精神食粮,因而就无法在形成健康向上的社会意识的过程中发挥主导作用;而高雅报纸的目标读者群是社会上层人士,其内容追求深度化、精准化和高品位,因而更容易发挥报纸的监督环境、协调社会、传承文化遗产这三大基本功能和作用。不过我们不能因此而否定便士报在报纸普及过程中所起到的无可替代的作用，便士报的创办者或许也未曾预料到，他们给世界报业带来了一个如此深刻的变革。正如历史学家约翰逊(Paul Bede Johnson)所说，本杰明·戴、詹姆士·贝内特等先驱所生活的时代是一个充满变革精神的时代，在便士报的普及带来的民众普遍参与的暗示下，许多社会传统都因为报纸的变革而产生了剧烈的变化。

再往后，随着蒸汽驱动型滚筒印刷机、无线电技术等工业革命所带来的发明的普及，传播技术迅猛发展，报纸的性质也随之发生了改变。报纸上的信息以前人无法想象的速度在世界范围内传递，而快马、信鸽、火车、轮船等旧有的信息传递手段已经在大工业时代中退出历史舞台，新闻通讯社、卫星、光纤已经在报纸信息传递中居于主导地位，科技的进步给报纸带来了更具革命性的变革，广告也迅速在报纸版面中占据更多的位置，报纸与广告步入了蜜月期，这个蜜月期长达数十年，直到互联网的诞生。

3. 广播媒体

广播媒体的诞生改变了报纸一统天下的格局，改变了信息传递的方式，让人们不仅可以看新闻，还可以听新闻。《辞海》是这样定义“广播”的：“通过无线电波或通过导线向广大地区播送音响图像的节目统称为广播。按传输方式，可分无线广播和有线广播两大类。只播送声音的，称为‘声音广播’，亦简称为‘广播’；播送图像和声音的，称为‘电视广播’。”[①]广播媒体的发明要追溯到19世纪。1888年，德国物理学家海因里希·鲁道夫·赫兹(Heinrich Rudolf Hertz)用实验论证了电磁波的存在，人们为了纪念他在科学上的贡献，就把无线电波称为“赫兹波”，并将“赫兹”定为频率单位。1893年，匈牙利人西奥多·普斯卡斯(Theodore Puskas)将布达佩斯市的700多条电话线连接起来，利用电话线定时播放新闻，被称为“电话报纸”，有线广播从此诞生。但这一技术并没有得到进一步的推广应用。1895年，俄国的波波夫(Alexander Popov)和意大利的马可尼(Guglielmo Marconi)研制出世界上最早的无线电接收机。1897年年底，马可尼成功地在英国的索里兹伯里和巴斯这两座相距34英里的城市之间进行了电波信号的发射与接收实验。进入20世纪，无线电技术得到进一步发展。英国人弗莱明

① 辞海[M]. 上海：上海辞书出版社，1979：845.

(J. Fleming)在1904年发明的二极管和美国人福雷斯特(Lee De Forest)在1906年发明的三极管对广播的诞生发挥了决定性的作用。1906年,德国的得律风根公司(Telefunken)实验无线电电话成功。1906年12月25日,加拿大物理学家、美国匹兹堡大学教授费森登(Fessenden)进行了一次实验广播,通过无线电波向空中播送圣诞故事和音乐。这是人类第一次在空中传播自己的声音,也是举世公认的第一次实验成功的广播。那时的广播,设备简陋、笨重,需要戴上耳机才能收听。

1910年,福雷斯特从纽约的大都会歌剧院转播了恩里科·卡鲁索(Enrico Caruso)的歌唱演出。随后,福雷斯特又用广播播送报纸要闻,这便是最早的广播简讯。

自广播产生以来,全世界最先开始发展广播事业的是美国。美国现有三座国际电台,分别是"美国之音""自由欧洲"和"自由"。世界上第一座广播电台(KDKA电台)也是美国人创办的。美国的KDKA电台成立于1920年,是第一家全国性商业广播电台。1921年3月4日,刚当选为美国总统的沃伦·哈定(Warren Harding)通过广播发表了就职演说。继KDKA电台之后,美国汽车零售商、旅游餐馆业、制造商、出版商、收音机修理行、银行以及服装店、家具店等纷纷办起了电台。到1922年,美国的私人商业广播电台已达200多家。

继美国之后,其他国家也纷纷兴办电台,广播电台如雨后春笋般兴起。1918年8月,苏俄在下新城(现高尔基城)建立了无线电广播实验室。1919年年底,实验室成功试制了一台无线电话发射机。1920年1月11日,实验室成功地播出了语言节目。1922年5月,莫斯科中央无线电台开始试播。同年11月7日,这座电台被命名为共产国际广播电台,并正式开始播音。1921年,法国邮电部建立了法国第一座广播电台,通过巴黎埃菲尔铁塔进行定时广播。1922年,法国建立国家电台。1924年,法国出现私营广播电台。英国1922年年初才准许在国内设立广播电台。1922年年底,英国的6家无线电广播公司和电器制造公司联合组成了商业性英国广播公司。到1926年,英国已有29座发射台,能覆盖80%的人口居住区。1927年,根据当时颁布的皇家约章,英国政府将商业性英国广播公司收为国有,正式定名为英国广播公司(BBC)。当时,英国广播覆盖率已达80%。德国于1923年,意大利于1924年建立了无线电广播电台;日本在1925年开始创办无线电广播,1925年3月22日,第一家私营东京广播电台开始试验性广播,1926年,该台与大阪和名古屋的两家电台合并,成立日本广播协会NHK。直至二战前，日本广播协会在日本广播事业中一直占据着垄断地位，并成为日本帝国主义的宣传工具。到1930年，无线电广播已几乎遍及全世界。在此期间，中国、印度、加拿大、澳大利亚等国家的无线电广播也相继问世。①

经过30多年的发展，至20世纪50年代，美国的广播电台增加到2000多座。这一时期，广播不但为商业服务，同时也为政治服务。到20世纪60年代，通信卫星广泛运用于广播中，但是电视这一强大的竞争对手随后出现，广播电台的发展首次步入低谷，大批广告转向了电视媒体，广告销售也一度跌至20世纪30年代的水平。越来越多的广播电台不得不面临全新的调整，"音乐、新闻加谈话"的模式被广泛采用。广播受到前所未有的挑战，开始寻找自身的优势，不断地进行技术革新，同时加强对外广播，在激烈的竞争中力图争得一席之地。调频广播的出现给在低谷中徘徊的广播电台带来了新的生机，这种收听效果优良的调频广播成为20世纪70年代美国广播电视业中发展最快的媒介之一，美国调频收音机的销售量一度从1960年的200万台上升到1968年2100万台。自此之后，整个20世纪70年代和80年代，广播在与电视的竞争中走上"窄播"的道路。进入20世纪90年代，数字技术与卫星技术为广播开辟了一片新天地，出现了新型广播媒介。

4. 杂志媒体

"杂志"一词源于阿拉伯文"仓库"(Khazana)，而后转为阿拉伯文makhzan，再转为意大利文magazzino，再后转为magasin，最终成为了今天的英语magazine。

中国近代的许多新名词都是由日本传入的，而"杂志"这个词却是为数不多的几个由西方传入的。在中西接触以前，中国没有"杂志"这一名称，却早已有了"杂志"的实体。1862年，英国传教士麦克万(John MacGowan)在上海创办了一份刊物，以《中外杂志》为名。"杂志"一词在中国逐渐固定下来则和民国初年掌握了中国文化霸权的上海商务印书馆有关。该馆从1904年创办《东方杂志》开始，后来又陆陆续续办了《教育杂志》《少年杂志》《学生杂志》《女杂志》等，"杂志"这一叫法便固定了下来。

杂志最初源自法国。17世纪伊始，一种小册子在法国流行开来，其功能是介绍法国的书店和书籍，有点类似于现在的"书评"或者"导读"，这种小册子经常出现在书店里，属于原始杂志。所以，"杂志"一词源自仓库，有包罗万象的意思。

---

① 参见姚力．广播电视广告学[M]．长春：吉林大学出版社，2000：274.

1704 年,英国伦敦出现了一种定期刊物,它的形式介于报纸和杂志之间。刊物的名称为《评论》,篇幅总共四小页,前后发行了九年,发行者是《鲁滨孙漂流记》的作者丹尼尔·笛福(Daniel Defoe)。这种早期的英国杂志,内容包括了诗歌、小品、论文以及其他各式各样题材的文章,与杂志十分相似。最初,杂志的形式和报纸的形式类似,二者极易混淆。后来,报纸逐渐倾向于刊载有时效性的新闻,版面越来越大,一般为三至五英尺;而杂志则朝着专刊小说、游记和娱乐性文章的方向发展。经过装订和加载封面,杂志成了书的形式。自此,报纸和杂志在内容和形式上的差别越来越明显。

1873 年在英国伦敦出版的《绅士杂志》(*Esquire Magazine*)最早用到了"杂志"这个词。此后,"杂志"一词就被正式沿用下来,成为具有杂志特点的刊物的统称。

最早的中文杂志并不是在中国创办的,而是英国传教士米怜(William Milne)于 1815 年在马来西亚的马六甲创办的《察世俗每月统纪传》。该杂志为月刊,装订上很像中国古代的线装书,内容包括科学知识和社会知识。从 1815 年创刊到 1821 年停刊,该杂志总共发行了 7 卷 70 多期。[①] 中国境内的第一本中文杂志是荷兰传教士郭士立(Karl Friedlich Gutzlaff)于 1833 年 8 月 1 日在广州创办的《东西洋考每月统纪传》。该刊同样为月刊,书本式装订,1838 年 7 月停刊,内容包括科学知识、新闻、贸易和西方的侵华思想等。中国最早的科技专刊杂志是英国传教士傅兰雅(John Fryer)和我国近代化学启蒙者徐寿于 1876 年在上海创办的《格致汇编》。该杂志创办之初为月刊,后改为季刊,1890 年停办,前后陆续出版 60 册,主要介绍西方科技知识。[②] 正如徐寿在《格致汇编》的发刊词中所说:"此《汇编》之意,欲将西方格致之学广行于中华,令中土之人不无裨益。"这本刊物对我国引进和发展近代科技起到了重要作用。

中国的杂志业还不够成熟,远远落后于西方成熟的杂志业。究其原因,主要是中国这一百年来频繁的社会变迁。20 世纪上半叶,中国整个国民经济处于濒临崩溃的边缘,包括出版业在内的文化行业更是风雨飘摇;20 世纪下半叶,中国经济在曲折的道路上发展。所以,20 世纪的中国不可能孕育出像西方那样高度发达的杂志市场,也没有产生像西方那样的大型期刊出版集团和雄厚的期刊产

---

① 参见方汉奇.中国新闻传播史[M].北京:中国人民大学出版社,2002:43-44.

② 参见杨师群.中国新闻传播史[M].北京:北京大学出版社,2007.

业。频繁的社会变迁以及由此产生的强大的思想冲击使得在这样的社会环境中孕育出来的中国杂志业带有政治参与倾向与使命意识的色彩。这一鲜明特色至今依旧在杂志业中有所体现。

新中国成立后,中国杂志业在很长一段时期内都不是以市场形态来生存和发展的。杂志人可以不必为了市场和利润操心,计划经济体制保障杂志社的存在。所以,在这一历史时期内,中国杂志人是十分缺乏市场竞争意识的。结果导致中国杂志面对市场缺乏作出迅速反应的能力,从而减缓了中国杂志市场化发展的速度。从 20 世纪 80 年代中国进入改革开放以后,中国杂志才开始弥补欠缺的一课。

5. 户外广告媒体

户外广告媒体是指安置在户外,让消费者及时了解商品名称和特性的广告媒体。户外广告媒体不仅仅能为企业产品传递广告讯息,同时也是一座城市现代化的重要人文景观。尤其每到夜晚,市区大小街道旁和建筑物顶上色彩鲜艳、奇光异彩的灯箱广告和霓虹灯广告争奇斗艳、交相辉映,不仅给市容市貌增加了风采,同时也给市民带来了一道道迷人的风景。

户外广告媒体是一种古老的传播媒体。很早以前,人类就有了物品交换,也就有了户外广告媒体传播信息的记载。今天,人们给户外广告媒体所下的定义是:凡是能在露天或公共场合通过固定媒介物传播广告讯息,达到推销商品目的之媒体,皆可称为户外广告媒体。在报纸、杂志、广播、电视等大众传媒形式尚未普及时,户外广告媒体是传播广告讯息最有效的媒体,直至今天,户外广告媒体在所有传播媒体中仍然占据着重要位置,并以其独特的传播方式受到许多业界人士的青睐。

世界上最早的户外岩画媒体是在我国内蒙古自治区阴山山脉发现的距今约一万年的阴山岩画。岩画上面不但有各类动物、植物图案,而且还有告知性诉求图画,比如指路路标、狩猎场地提示、迁移牧场告知等。这类岩画明显有着公益广告的属性。

国外最早的户外广告媒体出现在古埃及十二王朝时期,是立在一座神庙前的巨大的方尖形纪念碑(方尖碑)。在古埃及时期,许多神庙前都立着这种方尖形纪念碑,它是神庙的一种标志物。方尖形纪念碑上刻有复杂的象形文字,这些象形文字被用来传播特定的信息,因而被认为是最早的户外媒体广告。

公元前6世纪,罗马建立奴隶制共和国,经济繁荣,广告活动增多,闹市和街区出现了招牌和壁报广告。由于街道上四处都竖立着杂乱不堪的招牌,影响市容美观,于是政府下令一律改用在墙壁上做壁报广告,临街的房屋都要留出一面墙壁作为张贴广告用的位置。这些早期的户外媒体形式在今天的户外广告中仍占有相当大的比例。[①]

原始广告媒体只有叫卖(口头吆喝)、声响、岩画、幌子、招牌等,这些原始广告媒体大多延续到了现代,并且仍在今天的商品经济社会中发挥着各自的作用。不过,随着人类社会的不断发展和科学技术的日益进步,广告媒体的种类也在日益增多,除了那些古老的广告媒体外,各种各样的新式广告媒体不断出现。据不完全统计,在当今世界,广告媒体已达数百种之多,较为常见的有电视、广播、报纸、杂志、电影、网络、手机、电子显示屏、霓虹灯、幻灯、灯箱、自控切换灯箱、车身、直邮、传真、橱窗、POP、画册、票证、商品目录、明信片、旗帜、气球、飞艇、模型、礼品、人物、产品包装,等等。

从远古时期的阴山岩画这一古老的原始媒体被人类有意识地作为信息传播的载体,到古代社会有目的地利用叫卖、幌子、招牌等媒体传递商品信息,用了约7000多年。从人类利用原始媒体物对商品进行有意识的宣传到1579年意大利佛罗伦萨现代报纸的出现,又用了约5000年。从1579年报纸媒体的出现到1895年电影的发明,其间只经历了316年。信息的传播与接收途径经历着由原始固有物到纸质单一的视觉媒体再到电声传播、视听结合的电子媒体的一次次飞跃。从1895年电影的发明到1945年电视开始真正被认定为一个新的大众传播媒体,只用了50年,而从电视作为一个新兴主流媒体得到广泛运用到网络的出现,其间只有短短的30年。由此可以看出,随着电子技术、计算机技术等高新科学技术的迅猛发展,大众传播媒体的发展速度也同样非常迅速。例如在我国,1923年1月23日,一位名叫E. G. 奥斯邦(E. G. Osborn)的美国人在上海创办广播电台时,其听众才不到一百人。就是这样一个在当时来讲算新生事物的大众传播媒体,却在开办几天后因执照不齐被查封,直到几年后,广播电台才获准在国内开设。在整个旧中国历史时期内,大众传播业一直未能得到正常的发展。新中国成立后,我国的广播电视事业才得到了真正的飞速发展。2006年8月19日,国家广电总局副局长赵实在“第四届亚洲传媒论坛”开幕式上的讲话中说,到2005年年底,全国共

① 参见文春英. 外国广告发展史[M]. 北京:中国传媒大学出版社,2006:226.

有电台、电视台2507座，居民拥有收音机、电视机9亿台，广播、电视人口综合覆盖率分别达到94.58%和95.81%。也就是说，早在2005年，我国960万平方公里的范围内已经可以收听或者收看到广播节目和电视节目了。

媒体的发展速度如此之快，不能不让人感到无比振奋。但是，在现代社会，媒体要想能够有一个稳定的发展势头，必须要有经济条件做保障。而任何一个媒体在传播信息时，其运作成本都是非常高的。因而，必须要有一个有保障的经济来源作为支撑，才能保证媒体自身的稳定发展。那么，什么是媒体的经济来源？毫无疑问，其主要经济来源是广告收入。各种媒体正是依靠源源不断的、丰厚的广告收入，才能稳定地发展。目前，许多发达国家和发展中国家主要媒体的收入的30%以上依赖于广告，不少国家的广告收入甚至占到了媒体总收入的一半以上。广告收入成了一个媒体生存与发展的关键因素。

因而，当我们深入探讨媒体的自身属性和传播广告优劣势的时候，不能忽视广告收入对媒体发展带来的重要影响力。基于这一认识，本书将着重探索广告媒体（在此为了叙述方便，统一用"广告媒体"一词）自身的基本功能、广告讯息传播的优劣势以及广告媒体选择策略等。

二、广告媒体的基本功能

尽管现代广告媒体的种类让人眼花缭乱，广告媒体的发展速度让人目不暇接，但它们都具有以下基本功能：

1.传达功能

广告媒体必须能够及时准确地传达广告讯息，否则就不能叫广告媒体。广告主和广告公司只有依据广告媒体所具有的信息传达功能，才能制定广告策略、创意文案，制作广告作品，安排广告发布时间；媒体对广告内容的传递使消费者了解商品特性和商业信息。所以，传达功能是广告媒体的首要基本功能。

2.吸引功能

广告媒体应该具有一定的吸引力才能引起消费者的兴趣，进而让消费者对品牌及广告讯息产生印象。只有在消费者脑海中形成了广告所宣传的品牌印象，才有可能引发消费者的购买欲望，并最终让他们作出购买决定，完成购买行为，使宣传的商品销售出去。

3.适应功能

由于广告主对商品信息的传播范围、到达地区、时间长短、速度快慢、接受对象等都有着不同要求,所以,广告媒体应具有不同的适应性,以便广告主根据自己所要宣传的商品特点选择适合的媒体。同时,不同的媒体也有各自不同的属性。比如报纸可登载较为详细的广告内容,内容条理清晰又能细致地介绍产品的诸多好处,消费者可以清楚明白地理解该产品的特点。但报纸有着能读不能听的局限性。电视广告既能听又能看,但是电视传播的广告转瞬即逝,不便于记忆和查找。所以,广告主在选择具体媒体为自己的产品做广告时,一定要依据产品自身的特点、目标消费者的特点和所要开展营销的地域范围,有针对性地选用媒体进行广告讯息的传递。

三、广告媒体的分类

研究广告媒体分类有助于更好地把握媒体的特点及其自身的优劣势,使广告宣传获得最大的效益。广告媒体可根据自身的特点进行分类。

1.按媒体时效分类

按照向消费者宣传广告讯息的时效,广告媒体可以分为长期广告媒体和短期广告媒体。

长期广告媒体主要指能在较长的一段时间段内宣传、介绍同一则广告的媒体,主要有路牌、灯箱、霓虹灯、橱窗以及部分印刷品广告媒体。如挂历、杂志、招贴画、书籍、产品说明书等。这类媒体适合宣传汽车、电器、服装等产品的品牌商标广告以及企业形象、耐用消费品的产品外形广告和内容较为复杂的产品说明广告。

短期广告媒体主要指电视、电影、广播等时效性较为短暂的广告媒体,这类广告媒体适合宣传新开发的产品以及某些便于瞬间记忆的产品,如手表、钻戒、饮料等。

2.按媒体到达范围分类

按照可以到达的范围,广告媒体可以分为国际性广告媒体、全国性广告媒体及地区性广告媒体。

国际间卫星电视节目、国际广播电台、互联网、国际性期刊和报纸、出口商品外包装等，可以被认定为国际性广告媒体。

在全国范围内出版发行的报纸、杂志、中央电视台、中央人民广播电台及其他拥有全国性通讯网络的电台、电视台，在全国范围内设立的广告牌等，可以被认定为全国性广告媒体。

地区性广告媒体主要指各省、自治区、直辖市、市、地区自办的电视台、广播电台、报纸、杂志、户外广告以及其他只在某座城市或某一地区存在的，而不在全国范围内传递广告讯息的媒体。

这里有一点需要解释：到 2004 年年底，我国内地 31 个省、自治区、直辖市都有一套电视节目频道开始了卫星转播。这样，各省、自治区和直辖市的这一卫星电视频道就不能再被定性为地区性的广告媒体了，因为其传播信息所能到达的地域范围已经超越了地区范畴。虽然这些媒体的管辖和所设置地域仍然具有地方性特点，但是其信息传播的范围已经扩大到全国乃至世界范围了。因此，对于这一现象，我们应根据其信息传播的地域范围而将其定性为全国性广告媒体较为合适。

3.按发送内容分类

从媒体发送的内容看，当某一媒体除了刊播广告同时还刊播其他方面的内容时，这种媒体便被称为混合型广告媒体。比如电视、广播、报纸、杂志四大主流媒体都是混合型广告媒体，而灯箱、广告牌、霓虹灯、橱窗、产品说明书、招贴画等只发布单一广告内容的媒体则被称作单纯性广告媒体。

4.按接受者接受过程分类

从接受者接受广告的情况来讲，凡能亲手拥有的媒体物，如招贴画、挂历、杂志、报纸等，被称作直接广告媒体。这些媒体对消费者形成购买理由常常会起到直接的推动作用。

接受者无法亲自拥有的电视、广播、因特网以及户外广告媒体等广告媒体叫做间接广告媒体。间接广告媒体虽然无法让消费者亲手触碰，但是却可以对消费者产生较强的产品形象视觉冲击感受力，使消费者对品牌留下较深的瞬间印象。

5.按媒体自然属性分类

按照媒体的自然属性,广告媒体可以划分为以下几类:

(1)印刷媒体:报纸、杂志、招贴画等印刷品;

(2)电子媒体:电视、电影、广播、互联网等;

(3)户外媒体:广告牌、灯箱、霓虹灯、车身等;

(4)包装媒体:包装盒、包装袋等;

(5)人体媒体:时装模特、促销模特、广告宣传员等;

(6)邮寄媒体:产品说明书、形象手册、产品目录等;

(7)其他媒体:主要指用现代科技手段完成广告讯息传递过程的媒体,如烟雾、激光、飞艇、光导通信等。

在当代市场经济社会中,随着国民生产总值的不断增长和大众购买力的提升,各类商品日益丰富。不仅不同种类的商品在迅速增长,相同品类的各自产量也在不断增长。这样一来,新的产品要想占领市场份额,打开营销局面,得到消费者的认可,就必须要做广告。而在商品竞争日益激烈的背景下,就更需要针对性地选择适合本商品的市场营销策略并根据商品自身的特点去选择媒体投放广告。

媒体种类的增多和各自不同的信息传递特点使选择媒体不仅成为可能而且成为广告主或广告公司必须认真对待的事情,也成了他们在制定整个市场营销战略时的一个重要环节。随着当代科技手段的发展进步,人们的日常生活、工作活动变得越来越丰富,尤其是随着人们文化生活内容的不断丰富,人们的精神生活需求也越来越高,这就要求信息传递方式要变得更为复杂。所以在进行媒体选择时,广告主或广告公司必须对不同媒体的特点进行认真、仔细、充分的研究,从中找出最符合广告目标要求的广告媒体,使广告讯息最大化地传递到目标地域、目标市场和目标消费者那里,争取收到预期的传播效果,从而使企业的产品营销目的得以实现。

不管是在广告活动的实践中,还是在广告学的高等教育中,广告媒体研究都是其中重要的环节,只有详细了解各类媒体的不同属性与信息传播特点,才能使广告获得最后的成功。基于此,本书将对各类媒体进行认真梳理、分析与研究,力争使读者对各主要媒体有一个全面的了解与把握,进而在广告活动的实践中有针对性地选择好媒体,使广告主所要宣传的产品信息顺利地传播出去并取得预期效果,实现其市场营销的目标。

第一章 电视媒体

本章重点：电视媒体广告传播的优劣势。

本章难点：受众对电视媒体广告讯息传播认可度的变化原因。

第一节 电视媒体特点

一、电视媒体特点

电视的发明带来了视觉图像信息在人类生活中的传播，并对人类的感知系统产生了重要影响。电视不仅让观众开始接触到大量的、丰富的视觉图像信息，而且在源源不断地用图像冲击观众的视觉神经的同时，也让相应的听觉信息传入了人的大脑。这样的信息传递方式极大地改变了以前人类面对印刷媒体时单一的视觉感知系统的信息接收及认知方式。进入 21 世纪，中国电视更是高速发展。数字电视、网络电视等含有新媒体因素的“新电视”开始走进普通中国人的生活。随着时间的推移，中国电视业中央电视台一家独大的局面逐渐有所改变，以湖南卫视、东方卫视、安徽卫视等为代表的一批省级卫视台开始凭借综艺娱乐节目崛起，极大地丰富了观众的电视选择面。同时，广告也开始以必不可少的元素的形象全面进入电视屏幕。现在，我们每天看到的电视广告，无论是在创意水平上还是在表现方式上，都比 20 世纪 80 年代广告刚开始播出时有了很大的进步，中国广告在逐步与国际接轨的同时也保留了很多的中国传统文化要素。可以说，中国电视广告的发展已经并仍将继续走在平稳的道路上。

人类接收信息的渠道有视觉、听觉、嗅觉、味觉、触觉、意觉六种。视觉在人类的信息接收总量中占到了80%左右,听觉占到了19%。由此可以看出,人类主要是通过视觉和听觉这两大器官来接收信息的。然而在电影、电视出现之前,视听觉器官能同时接收的外界传递的人类所需之精神生活方面的信息极为罕见。1930年,有声电影和电视出现并应用到人们的信息传播中。此后,人们才发现,原来,当人同时使用视觉和听觉器官来接收信息的时候,对信息的感悟与理解比以前丰富得多,对信息的认知、理解与再创造的能力更是比从前强得多。于是,电视这种视觉和听觉合二为一的新型传播媒体从一出世就受到了人们由衷的喜爱。

电视媒体的另一个特点是视听俱佳。由于电视可以以图像和声音同时诉诸受众视、听觉器官的方式传递信息,因而容易给受众留下深刻的瞬间印象。同时,电视媒体对于受众来说,没有文化程度上的要求与限制,无论是何种文化程度的受众,都可以很容易地理解电视媒体传递出的信息内容,不像报纸、杂志等平面媒体对受众的文化程度和专业知识均有一定的要求。因而,电视媒体的受众传播面在四大主流媒体中是最广的,这也是电视媒体的一个很重要的特点。

随着科学技术的不断发展与进步,曾以新闻传播为主的电视媒体在当今的媒体环境中从单一的以宣传为主的传播活动向以受众喜好为中心的全方位的传播活动方向发展。电视从出现到繁荣再到成熟,每一步都无不与其专业化程度的提高与技术条件的完善息息相关,这一切又都与制度的变革有着本质的联系。

目前,世界各发达国家的电视都已经从普通的发射与接收设备这一传统模式时代发展到了高清晰电视模式。高清晰电视(简称"高清电视")从采、编、播到受众接收都较传统电视有了很大的发展,这其中最主要的一个特点就是高清电视的清晰度比普通电视的清晰度高出5倍以上。高清电视与彩色电视的区别和过去彩色电视与黑白电视的差别一样。随着高清电视技术的发展与进一步普及,电视广告的传播也在效果上与质量上有了大幅度的提高,广告讯息也比以往更容易被消费者所接受、所信任,这一发展为电视广告带来更高的收视率与更好的传播效果。

另外,虽然电视媒体是一种声像结合的动态媒体,信息传递的千人成本较其他媒体低一些,但是电视媒体的总费用很高,远远高于其他媒体,而且电视广告时长受限制,在黄金时间段播出的广告数量和广告时长更是有限。这些都在一定程度上影响了广告主对电视媒体的喜爱度。

二、电视媒体广告传播功能

电视媒体的广告传播功能大致分为以下几个：

1.传播信息

传播信息是电视最本质的特征与功能。作为传递信息的媒体，电视首先应将人类社会的一切信息传播出去。特别是在当代，人们对信息的需求更为迫切，电视已经成为人们获取信息的最普遍、最便捷、最有效的渠道之一。因此，传播信息(包括各种类型的广告信息)无疑是电视的主要功能。

2.促进经济发展，加速商品流通

作为促进商品流通的一种手段，广告传递的商品信息是市场营销不可缺少的一个环节。广告在促进消费者付诸购买行为和提高商品销售额的同时，也加速了商品的流通。特别是创意新颖、通俗易懂的电视广告，更能够有效地促进商品的销售，为广告主带来预期的经济效益。

3.有利于企业提高产品质量

社会主义市场经济条件下的市场竞争，更多的时候体现出的是同类产品的竞争，如果企业通过广告，特别是电视广告，集中宣传其产品质量与价格定位，就能吸引消费者对该产品的注意，提高该产品的市场竞争力。在市场经济条件下，要想提高产品竞争力，企业作为广告主不仅要抓产品质量，还必须恰当地选择广告媒体，而能够给受众留下深刻视、听觉印象的电视广告媒体自然是广告主的首选。

4.促进社会化消费方式的发展

广告是为消费者服务的必要手段，它同样要受到社会经济规律的影响，必须为不断满足人们日益增长的物质文化生活和精神文化生活需要服务。即使以营销为第一目的，广告仍然要以科学的价值观和人生观为基点，通过电视等媒体向消费者传播商品知识，介绍其使用方法，指导消费者理性消费，以实现社会资源的合理利用，促进社会化消费方式的发展。同时力争让消费者在获取广告信息的同时享受到广告带来的审美愉悦。

第二节　电视媒体广告传播优劣势

一、优势

电视媒体的首要优势是传播面广、影响力大。进入20世纪90年代以后，随着电视机在我国城乡各地的日益普及，看电视已成为老百姓日常生活的一个重要组成部分，成为当代人生活中的一个不可或缺的精神需求。根据中央电视台在2015—2016年春节晚会上所做的电话调查，该年度通过电视观看春节晚会的观众高达7.9亿人左右。这样大面积、大范围的信息传递与接收，是其他任何媒体都无法与之相比的。

此外，由于电视具有承载与显示声音及画面的双重功能，因而可以使广告创意生动地传达给消费者，让消费者能够获得“既闻其人、又闻其声”的审美感受。消费者在这样的感受中获得的对商品信息的记忆牢固度要比只诉诸人的单一感官所获得的商品信息的记忆牢固度强三倍多；此外，电视广告还可以给创意人员提供一个绝佳的广告创意舞台。由于电视广告自身独具的视、听双重传播效应，所以创意人员在广告的创意过程中能够将创意表现力发挥到极致，在这种情形下完成的广告作品往往能把品牌的卖点展现得淋漓尽致，给观众留下非常深刻的品牌印象，而这样深刻的品牌印象无疑是销售商品的最佳助推力。

同时，电视广告还可以让不准备看广告的观众在无意中获得广告信息。我们知道，电视广告一般都被安排在各类电视节目中播出，比如在电视剧的开头和结尾，在中央台和地方台各栏目的开头和结尾等。这样，观众在收看电视节目的时候经常会无意识地接收各类广告讯息，对商品及其相关信息留下较深的印象，而这样的印象常常对消费者日后的购买行为具有重要作用。

此外，电视广告能充分利用名人效应推销产品。

不管是影视明星、体育明星还是其他行业的名人，都在较大范围内拥有较多的崇拜者与欣赏者，由于这些粉丝敬仰爱慕名人，所以爱屋及乌，甚至还会因名人曾使用过自己平时不喜欢的产品而转变对这一产品的看法，转而对该产品产生信任感。针对消费者这一心理，企业在制作广告时应根据电视广告能够让名人的形、音、貌同时再现的特点，选择名人做模特，在电视屏幕上为其产品做广告宣传，依赖名人的特有感召力争取消费者对该产品的认同，力争用名人效应获取消费者对产品的好感，并围绕这一点进行广告策划，以求打开更宽的市场营销之路。

二、劣势

第一，制作费高。

电视广告的制作工序比较复杂、制作经费比较高，比如聘请导演和演员模特、置办道具、安装布置拍摄场景、拍摄及后期制作等都需要花费较多的资金。在国内，拍摄一条时长 30 秒的电视广告，在不搭外景的情况下也至少需要花费十几万元人民币，而通常情况下则需要 30 万—40 万元人民币方可完成拍摄工作。

电视广告的播出费用更是高得惊人。比如，在美国哥伦比亚广播公司每晚 19:00 播放的电视节目中插播一条 1 分钟的广告竟要 100 万美元；在我国中央电视台的黄金时段——《新闻联播》结束至《天气预报》前这个黄金时段投放一条 5 秒广告，一年的媒体播出费竟可能高达 3.2 亿元人民币。如此高昂的制作费用和播放费用限制了一部分实力较弱的中小型企业，使他们在一秒千金的现实面前望而却步。虽然有个别企业咬紧牙关，凑出资金在黄金时段插播几次广告，但由于腰包不厚，只能在电视上闪露很少的几次脸，由于闪露次数太少，因而很难引起消费者的注意，无法收到预期的广告效果。

第二，观众群不稳定。

随着卫星通讯事业的迅猛发展和无线电技术的日益进步，各种各样的无线电视台、有线电视台、卫星电视台如雨后春笋般出现在我国大地上。到目前为止，我国内地 31 个省、自治区、直辖市已全部开通了卫星转播频道。这样一来，观众可选择的节目大大多于从前。如果一条广告制作平庸，观众就会立即切换频道，电视广告观众群不稳定的问题在今后的一段时期内将会更加突出。

第三，播出时间、传递信息量有较多限制。

电视台只有把大部分时间用来播放各种节目，把极少部分时间用来插播广告才能被称为电视台，播放广告只能是电视台的副业。因此广告主就不可能随意规定自己广告的播出时间段，而只能在电视台播放节目的空隙插播广告。如果广告播出时间不能满足广告主的要求，就很难实现有针对性地宣传广告的目标。同时，电视广告在播出时长上受到的限制也较大，目前常见的电视广告时长为 30 秒、15 秒和 5 秒，较少有 10 秒、20 秒和 60 秒的。然而，任何一家企业都很难在几十秒的时间内把品牌诉求的内容详细地播出并展示出来,只能取其精华,这就使消费者无法全面地了解品牌的好处。

第三节　电视媒体广告播出费用

在经济高速发展的今天,广告以多种多样的形式展现在人们面前,并且时时刻刻地影响着老百姓的生活。广告的重要性早已不言而喻,无数成功的营销案例更让我们看到了广告所发挥的巨大传播作用。电视广告在所有广告中占有一个重要位置,无论是就其对受众的影响力还是就其发布费用而言,电视广告在众多的广告中都是佼佼者。

与其他各类媒体的广告费用相比,电视广告的费用是最高的,虽然电视媒体声称电视广告传播的千人成本是各大主流媒体中最低的,因为在电视台播出一次电视广告需要几十万元人民币,但是全国有 7 亿人看电视,发布一次广告就可以让 7 亿人看到,这几十万元人民币分摊到每一个人身上,人均成本连半分钱都不到。电视广告的人均成本低似乎有点儿道理,但是,对于任何一家企业来讲,如果真要选择在电视台投放广告,那广告至少得播出十次八次。因为企业主知道,只播出一次两次广告是不可能让计划中的目标消费群体看到该广告的,相当多的人会因为各种原因无法看到该广告,只有在一个较长的时间段内持续播出,目标消费群体才有可能看到。基于此,各家电视媒体单位便不允许企业只播出一次广告。一般情况下,至少也得播出半个月,而半个月的广告费用就是好几百万元人民币了,这样的价格就不能再说是最低成本了。因而,许多企业常常会在这样高额的费用面前放弃在电视媒体上投放广告。

解决这一问题的方法需要深入研究方能找出。虽然本书在媒体选择策略一章中重点谈了如何选择媒体发布广告,并且着重分析了电视媒体和其他媒体的价格差异,同时分析了如何评估中央电视台和地方电视台的价格差别、如何运用价格策略等,但是更深一步的研究工作只能留在以后去进行。目前我们所要掌握的就是国内各电视台不同时段的广告差异,以及广告时段收视率的不同可能造成的广告传播效果的不同。

电视台的收视率是根据专业调查公司对观众收看电视的行为进行的调查和统计分析而得出的,虽然这不是一个绝对的执行与认定标准,但在目前来讲,这却是一个能够被广告主认可的收视率数据。下面以中央电视台为例，对各个不同时间段的认定进行简要的解读。

在中央电视台的所有频道中，观众收视率最高、广告收入最多的是第一套节目，也被称为一频道。在一频道中将广告时段位依次划分为“黄金时间段”“A特级时间段”“A级时间段”“B级时间段”“C级时间段”以及“其他时间段”。“黄金时间段”指中央电视台每晚19:30《新闻联播》节目结束到《天气预报》开始前的广告时间段，这一时间段被分为12个“5秒”广告段位，每一个段位都被称为“黄金时间段”。后来又在播放各主要城市的天气预报时，在字幕前增加了3个“5秒”广告段位，这样，“黄金时间段”广告段位就增加到了15个。之所以将这一时间段定义为“黄金时间段”，是因为晚上19:00的《新闻联播》节目是所有节目中收视率最高的，内地31个省、自治区、直辖市的卫视频道都要在这一时间段转播中央电视台的《新闻联播》。这样一来，在这一时间段内，内地所有电视观众就都得收看中央电视台的《新闻联播》，这样的收视率确实使其他电视节目无法与之相比。而《新闻联播》节目结束后马上就是《天气预报》，这档节目更是老百姓所关心的。权威调查报告显示：《天气预报》的收视率高于《新闻联播》，据此可以推断，当《新闻联播》节目结束后，观众为了接着收看《天气预报》，通常不会在这短短的一分钟时间内调换频道，在此时段播出的广告的收视率自然是非常高的。中央电视台依据这一理论，给这一广告时间段起了个非常形象的名字“黄金时段”。基于这样的推定，这一时间段的十几条5秒广告的价格也就高得吓人，比如，1997年播出一条5秒长的广告，一年的播出费竟要3.2亿元人民币。

“A特级时间段”指晚19:00《新闻联播》节目之前约5分钟的广告时间段和从《天气预报》结束到《焦点访谈》开始的一段约5分钟广告时间段。据权威调查数据显示，这一时间段是全天节目时间段内排名第二的收视率高峰时段。因此，在这一时间段播出广告，要价也是非常高的。

“A级时间段”指中央电视台各频道在晚20:00之前的3分钟广告时间段和20:45电视剧播出结束后的约5分钟广告时间段，晚21:00前的3分钟广告时间段以及中午12:30新闻节目结束到下一档节目开始前的约3分钟广告时间段等收视率较高的时间段，这一时间段的广告收费也是很高的。

“B级时间段”指晚上18:00以后到晚上22:00以前各频道除“A特级时间段”和“A级时间段”以外的广告时间段，以及白天收视率较高的广告时间段。这一时间段的广告费用相对上述时间段低不少。

“C级时间段”指晚间24:00以前和除去上述时间段以外其他较好的广告时间段。这一时间段的广告收费则要低很多,广告效果也比其他时间段差很多。

“其他时间段”指除了上述各时间段以外的其他广告时间段。这一时间段的广告费用是最低的,广告效果也相对较差。

以上简要介绍了中央电视台各广告时间段位的划分,地方电视台的广告时间段位大体上也是按照这一原理划分的。因而,广告主在决定选择用电视媒体播出广告后,就要依据广告产品自身的特性、广告目标消费者群体的情况以及广告预算的多少来选择一个适当的时间段位播出自己的广告,以期取得一个较为理想的广告效果。

下面是几家媒体单位的广告时间段位价格表。

2016年CCTV-1综合频道全天时段价格刊例价格表

有效期:2016年1月1日—2016年12月31日(不含2月7日—22日)　　单位:元人民币/次

时段名称	播出时间	5秒	10秒	15秒	20秒	25秒	30秒
上午精品节目前	约09:05	20300	30400	38000	51700	60800	68400
第一精选剧场第一集贴片	约09:23	24000	36000	45000	61200	72000	81000
第一精选剧场第二集贴片	约10:12	29300	44000	55000	74800	88000	99000
第一精选剧场第三集贴片	约11:03	33100	49600	62000	84300	99200	111600
上午精品节目后	约11:54	46900	70400	88000	119700	140800	158400
《新闻30分》前	约11:57	46900	70400	88000	119700	140800	158400
《今日说法》前	约12:32	48000	72000	90000	122400	144000	162000
《今日说法》后	周一至周五、周日13:06 周六约13:28	42700	64000	80000	108800	128000	144000
下午精品节目前	周一至周五、周日13:10 周六约13:32	405000	60800	76000	103400	121600	136800
第一情感剧场第一集贴片	周一至周五14:10 周六、日约14:22	33100	49600	62000	84300	99200	111600
第一情感剧场第二集贴片	周一至周五14:50 周六、日约15:13	31700	47600	59500	80900	95200	107100

续表

时段名称	播出时间	5 秒	10 秒	15 秒	20 秒	25 秒	30 秒
第一情感剧场第三集贴片	周一至周五 15:40 周六约 16:05 周日约 15:06	30400	45600	57000	77500	91200	102600
下午精品节目一	周一至周六约 16:33 周日约 15:57	27200	40800	51000	69400	81600	91800
下午精品节目二	周一至周五 16:35 至 17:45 之间周六、日 16:00 至 17:45 之间	27200	40800	51000	69400	81600	91800
下午精品节目三	周一至周五 16:35 至 17:45 之间周六、日 16:00 至 17:45 之间	27200	40800	51000	69400	81600	91800
下午精品节目四	周一至周五 16:35 至 17:45 之间，周六、日 16:00 至 17:45 之间	27200	40800	51000	69400	81600	91800
下午精品节目五	约 17:48	28560	42840	53550	72870	85680	93690
18:00 精品节目前	约 17:58	36456	54684	68355	92940	109368	123039
黄金档剧场第一集前情提要前	约 19:59	93900	140800	176000	239400	281600	316800
黄金档剧场第一集贴片	周日至周五约 20:01	93900	140800	176000	239400	281600	316800
黄金档剧场第一集下集预告前	周日至周五约 20:51	87500	131200	164000	223000	262400	295200
黄金档剧场集间	约 20:54	84800	127200	159000	216200	254400	286200
黄金档剧场第二集贴片	周日至周五约 20:58	86400	129600	162000	220300	259200	291600
黄金档剧场第二集下集预告前	约 21:48	77900	116800	146000	198600	233600	262800
黄金档剧场后	约 21:50	73600	110400	138000	187700	220800	248400
名牌时间	约 21:55	71500	107200	134000	182200	214400	241200
《晚间新闻》前	约 21:58	71500	107200	134000	182200	214400	241200
《晚间新闻》后	约 22:30	64000	96000	120000	163200	192000	216000

续表

时段名称	播出时间	5 秒	10 秒	15 秒	20 秒	25 秒	30 秒
22:30 精品节目前	约 22:35	58700	88000	110000	149600	176000	198000
23:30 精品节目前	周一至周六约 23:33 周日约 23:11	41600	62400	78000	106100	124800	140400
夜间精品节目一	周一至周六约 24:28 周日约 24:10	27300	41000	51200	69600	81900	92200
请间精品节目二	周一至周六约 25:19 周日约 25:01	24500	36800	46000	62600	73600	82800

2016 年 CCTV-1 综合频道栏目刊例价格表

有效期:2016 年 1 月 1 日—2016 年 12 月 31 日(不含 2 月 7 日—22 日)　　单位:元人民币/次

栏目名称	播出时间	5 秒	10 秒	15 秒	20 秒	25 秒	30 秒
《生活早参考》广告 1	周一至周五 08:33—9:05	20800	31200	39000	53000	62400	70200
《生活早参考》广告 2	周一至周五 08:33—9:05	20800	31200	39000	53000	62400	70200
《今日说法》中插 1	周一至周日 12:35—13:05	52300	78400	98000	133300	156800	176400
《今日说法》中插 2	周一至周日 12:35—13:05	52300	78400	98000	133300	156800	176400
22:30 精品节目中插 1	周一至周日 22:30—23:30	61300	92000	115000	156400	184000	207000
22:30 精品节目中插 2	周一至周日 22:30—23:30	61300	92000	115000	156400	184000	207000
23:30 精品节目中插 1	周一至周日 23:35—24:30	41600	62400	78000	106100	124800	140400
23:30 精品节目中插 2	周一至周日 23:35—24:30	41600	62400	78000	106100	124800	140400

2016 年东方卫视广告刊例价格表

(2016 年 1 月 1 日起执行) 单位:元人民币/次

播出时段	栏目名称	15 秒
约 07:00～09:00	《看东方》/栏目重播(中)(周一至周五)	25000
约 07:00～08:10	《看东方》(中)(周六、日)	25000
约 08:10～09:50	《新闻专题》+《大爱东方》(前、中)(周六、日)	28000
约 09:00～12:00	上午剧场(片前)/栏目重播(前、中)(周一至周五)	28000
约 09:50～11:30	上午剧场(片前)/栏目重播(前、中)(周六、周日)	48000
约 11:30～12:00	《潮童天下》(前、中)(周六、日)	48000
约 12:00～12:10	《东方大头条》(前、中)(周一至周五)	40000
约 12:10～17:00	综艺精选(前、中)(周一至周五)	35000
约 12:00～17:00	《东方大头条》/综艺精选(前、中)(周六、日)	48000
约 17:00～17:30	专题(中)(周六、日)	40,000
约 17:00～18:00	《娱乐星天地》(前、中)(周一至周五)	80000
约 17:30～18:00	《娱乐星天地》(前、中)(周六、日)	98000
约 18:00～18:58	《东方新闻》(前、中)	78000
约 18:58	《新闻联播》(前)	78000
约 19:30～21:10	《梦想剧场》(1 集前/2 集前/2 集后)	158000
约 21:10～21:20	《直播上海》(中)(周一至周五)	150000
约 21:20～23:30	综艺栏目/周播剧(前、中)(周一至周四)	120000
约 21:20～23:30	综艺节目(前、中)(周五)	150000
约 21:10～22:40	季播节目(中)(周六)	实价
约 21:10～22:40	季播节目(中)(周日)	实价
约 22:40～23:30	《今晚 80 后脱口秀》(前、中)(周六)	150000
约 22:40～24:00	季播节目重播(周日)	78000
约 23:30～24:00	《子午线》(前中)(周一至周五)	78000
约 24:00 后	综艺重播	50000

说明:

- 《梦想剧场》加收:指定正一、倒一加收 60%;正二、倒二加收 40%;正三、倒三加收 20%;正四、倒四加收 10%;正五、倒五加收 5%;其他指定位置加收 20%。
- 其他加收:指定正一、倒一加收 30%;正二、倒二加收 20%;正三、倒三加收 10%;其他指定位置加收 20%。
- 标版、导视及本媒体宣传等特殊形式广告不计入位序。
- 非常规长度广告价格按以下方法计算:30 秒=15 秒×2;10 秒=15 秒×70%;5 秒=15 秒×40%。
- 实际广告播出时间与刊例时间如有出入,以实际播出为准。
- 如有调整,以最新公布的广告价目为准。

2016 年湖南卫视广告刊例价格表

(2016 年 1 月 1 日起执行)　　单位:元人民币/次

<table>
<tr><th colspan="2">广告时段</th><th>播出时间</th><th>5 秒</th><th>10 秒</th><th>15 秒</th></tr>
<tr><td rowspan="8">白天</td><td>7:00 之前栏目插播</td><td>07:00 之前</td><td>7040</td><td>12320</td><td>17600</td></tr>
<tr><td>《偶像独播剧场》一</td><td>约 07:30—08:30</td><td>9240</td><td>16170</td><td>23100</td></tr>
<tr><td>《偶像独播剧场》二</td><td>约 08:30—9:40</td><td>10520</td><td>18410</td><td>26300</td></tr>
<tr><td>《偶像独播剧场》三</td><td>周一至周五 9:40—10:50</td><td>12200</td><td>21350</td><td>30500</td></tr>
<tr><td>《偶像独播剧场》四</td><td>周一至周五 10:50—12:00</td><td>14720</td><td>25760</td><td>36800</td></tr>
<tr><td>周间午间栏目(或电视剧)</td><td>周一至周五 12:30—14:20</td><td>17640</td><td>30870</td><td>44100</td></tr>
<tr><td>周间 14 点档栏目(或电视剧)</td><td>周一至周五 14:20—16:00</td><td>14280</td><td>24990</td><td>35700</td></tr>
<tr><td>16 点档栏目</td><td>约 16:400—18:00</td><td>15120</td><td>26460</td><td>37800</td></tr>
<tr><td rowspan="2">深夜</td><td>零点档栏目插播</td><td>周日至周四 00:00—01:00</td><td>18080</td><td>31640</td><td>45200</td></tr>
<tr><td>1:00 以后栏目插播</td><td>01:00 之后</td><td>14480</td><td>25340</td><td>36200</td></tr>
<tr><td rowspan="3">白天周末</td><td>周日 11 点档《快乐大本营》重播</td><td>周日约 11:00</td><td>22000</td><td>38500</td><td>55000</td></tr>
<tr><td>周末 13 点档季播活动重播</td><td>周六约 13:30,周日约 13:00</td><td>19080</td><td>33390</td><td>47700</td></tr>
<tr><td>周末午间季播活动纪录片重播</td><td>周六约 13:00,周日约 15:00</td><td>19080</td><td>33390</td><td>47700</td></tr>
<tr><td rowspan="3">傍晚</td><td>18 点档栏目插播</td><td>18:00—18:29</td><td>12200</td><td>21350</td><td>30500</td></tr>
<tr><td>A 段</td><td>18:29</td><td>12200</td><td>21350</td><td>30500</td></tr>
<tr><td>黄金时刻</td><td>18:59</td><td>20160</td><td>35280</td><td>50400</td></tr>
<tr><td rowspan="7">周间晚间</td><td>730 栏目带插播</td><td>周一至周四 19:30—20:00</td><td>33600</td><td>58800</td><td>84000</td></tr>
<tr><td>《金鹰独播剧场》一片头</td><td>周一至周四 20:00,周五至周日 19:30</td><td>47600</td><td>83300</td><td>119000</td></tr>
<tr><td>《金鹰独播剧场》一片尾/二片头/二片尾</td><td>周一至周四约 20:55—22:00</td><td>60800</td><td>106400</td><td>152000</td></tr>
<tr><td>《钻石独播剧场》一片头/一片尾/二片头(一二四季度)</td><td rowspan="2">周一周二约 22:00—23:20</td><td>50400</td><td>88200</td><td>126000</td></tr>
<tr><td>《钻石独播剧场》一片头/一片尾/二片头(三季度)</td><td>84000</td><td>147000</td><td>210000</td></tr>
<tr><td>《钻石独播剧场》二片尾</td><td>周一周二约 23:50</td><td>33600</td><td>58800</td><td>84000</td></tr>
<tr><td>《青春进行时》(周播栏目剧)</td><td>周三周四 22:00—24:00</td><td>29400</td><td>51450</td><td>73500</td></tr>
</table>

续表

广告时段		播出时间	5 秒	10 秒	15 秒
周末晚间	《天天向上》插播	周五约 20:20—21:55	127600	223300	319000
	《快乐大本营》插播	周六约 20:20—22:00	176000	308000	440000
	周六季播活动插播(不含三季度)	周六约 22:00—24:00	126000	220500	315000
	周末季播活动纪录片插播	周五周六约 00:00—00:30	28560	49980	71400
	《真正男子汉》插播	周日约 20:20—21:50	84000	147000	210000
	周日黄金档节目插播(不含三季度)		56400	98700	141000
	周日 22 点档节目插播	周日约 21:50—24:00	84000	147000	210000
湖南卫视春节联欢晚会		2016 小年夜黄金档	107200	187600	268000

本章复习思考题

1.电视媒体的传播特点是什么?

2.从电视媒体的发明至其在广告上的运用,其间隔时间在四大主流媒体中是最短的,但是其传播效果却是最好的,主要原因是什么?

3.电视媒体的广告收费为什么会远远高于其他媒体?

4.你如何看待中央电视台黄金时间段位的划分?

5.是不是一定要选择中央电视台发布电视广告才能取得一定的广告效果?请谈谈你的观点。

第二章 报纸媒体

本章重点:报纸媒体传播广告信息时的优劣势。

本章难点:报纸媒体在今后的发展中如何应对其他媒体对广告资源的争夺。

第一节 报纸媒体特点

报纸作为现代社会信息传播中不可或缺的传媒工具,深刻地影响着人们的信息接收方式乃至生活方式。随着时代的发展和技术的进步,报纸的种类越来越多,印刷越来越精美,内容越来越丰富,成为人们了解新闻、接收信息的主要媒体之一。

报纸之所以能在人们的日常生活中占据如此重要的地位,是与它独具的特点分不开的。报纸的主要特点有以下六个:

1.内容报道的深度化

由于电视、广播等媒体传播的信息具有转瞬即逝的特点,不适用于对新闻进行详细分析,对事件、即时新闻等的分析评论经常是一句带过。报纸则不同,其读者通常拥有高学历,而传播载体自身的特点则决定了报纸既有可能也有条件对社会上每天发生的重大新闻事件进行细致入微的分析、准确到位的评论和畅快淋漓的延伸报道。报纸可以通过集中版面,对一类问题进行深度分析报道。另外,报纸作为一种印刷媒体,可以将信息印在纸上加以传播。这样一来,对某一类问题感兴趣的读者就可以通过阅读报纸对这类问题的报道进行思考,在思考后得出自己的结论,这就构成了报纸的"智商传播"。

2.报纸形象的权威性

媒体的权威性可以对广告效果产生很大的影响,即“光环效应”。在报纸的发展过程中,报纸凭借可靠的内容积累了良好的信誉,并逐渐将信誉上升为一种权威性。报纸,特别是国家主办的报纸(如党报)在新闻采集、加工、制作、传播等环节中都具有严密的组织性和纪律性,读者对报纸刊载的内容已经产生了一种信任感。如加拿大某媒体研究机构发布的一项调查结果显示,年轻人认为报纸是可信度最高的新闻媒体。年轻人普遍认为,报纸相较于电视、网络等媒体来说更为可信,报纸提供的信息对社会互动或求职更具有重要的作用。从报纸的经营方面来说,报纸上刊登的广告在受众心中更具有可信度与权威性,因而更容易被受众所接受,因而也就更容易吸引广告商对报纸这一媒体的注意。

3.报纸信息阅读的主动性和非强制性

在读者手中的报纸只是一叠印刷好的纸张,读者不可能被迫阅读上面的某条信息,报纸对读者的阅读行为不具有任何强制性。而电视、广播等媒体则不同,信息接收终端的存在就意味着阅读自由的消失。因为信息接收者不可能越过信息接收终端去主动地、选择性地获取信息,而只能在信息接收终端旁消极被动地成为日本传播学者笔下的“电视人”。报纸则可以将大量的信息展示在读者面前,读者对哪条信息感兴趣,就可以方便快捷地翻到信息所在版面阅读这条信息。报纸广告同样如此。在某种程度上说,电视和广播中的广告是强制性的,受众除了换台之外再没有逃避广告的办法。久而久之,受众对广告的态度必定转向厌烦,广告讯息的传播效果也必然会大打折扣。由于报纸不能强迫读者把注意力集中在哪一则广告上,而是将广告讯息以平铺的方式展开,让读者自由选择对自己有用的信息,从容地阅读感兴趣的广告内容。所以,在广告好感度上,报纸胜于电视、广播等媒体。

4.报纸阅读的方便性与经济性

报纸作为纸质媒体,在阅读上具有极大的方便性与经济性。读者可以随时随地读报,可以自由地选择读报的方式和地点,不像电视、广播、电脑那样受时间和空间的限制。读者在想读报的时候就可以方便地读报,在任何地点都可以阅读,这充分体现了信息接收的主动性和非强制性。同时,由于阅读报纸不需要任何电子接收终端,所需要的仅仅是纸张,所以购买报纸时基本不用考虑资金问题。由于购买报纸花费极低,有利于实现全民普及,且媒体费用不高,这就为广告商提供了向最广泛的社会群体宣传产品或服务的最好机会。广告商可以用相对较少的广告费向报纸读者发布广告,优化广告的投入与产出比。

5.报纸的广泛普及性

报纸的方便性与经济性使报纸在世界范围内获得了快速的发展。今天,报纸在世界各地随处可见。在电视、广播、互联网、手机等媒体因为其接收终端的存在和获取接收终端的高昂费用而无法完全普及的时候,报纸却在悄然间完成了对世界媒体市场的全面覆盖,并获得了广大受众的认可和喜爱。可以说,报纸在可预见的相当长的一段时间内都将是世界范围内受众最多的新闻传播载体之一。

6.报纸的区域性特点

大多数报纸都具有明显的区域性特点。虽然少数报纸是面向全国发行的,如《人民日报》《参考消息》《环球时报》等,但大多数报纸都被局限在一个省、一个地区或一个城市内发行,如上海的《新民晚报》《新闻晨报》《申江服务导报》等。这种区域性报纸比面向全国发行的报纸能更好地瞄准本地区的读者,有效地提高新闻的针对性,最大限度地做到有的放矢。同时,基于报纸的区域性特点,一份报纸可以根据不同发行地区读者的不同需求,在基本版面之外为特定发行地区的读者印制特定版面。如江苏的《扬子晚报》就在发行过程中充分考虑了各地区读者的需求,在此基础上为各地区印制地方版,报纸价格不变。这样,区域性报纸就能更好地配合地方性广告商的短期广告营销活动,比如在报纸中向读者免费配送广告商提供的优惠券等。

第二节 报纸媒体广告传播优劣势

报纸是广告讯息传播的重要载体之一,即使在以互联网为代表的新媒体的强势冲击下,报纸仍然在广告媒体市场中占有举足轻重的地位。现实生活中,很多广告主都迫切地想让自己的产品成功打开或占领市场,急于让自己的产品被越来越多的人知道,往往不顾广告讯息传播载体的优劣势就与媒体仓促合作。结果钱没少花,却没得到想要的广告效果,宣传的产品依然淹没在样式繁多、功能相近的同类产品中，广告费用被极大地浪费。因此，要想更好、更理性、更切合实际地运用媒体为产品、企业或商业的推广活动服务，就必须了解各种媒体在传播广告讯息中的优势和劣势，用其所长，避其所短，将媒体的效用发挥到极致，在广告讯息的传播大战中占据有利位置。

本节先来看一下报纸广告的功能有哪些，然后再厘清报纸媒体在传播广告讯息中的优劣势。

一、报纸的功能

1. 传播信息的功能

作为传统四大媒体之一，报纸肩负着将广告讯息传递给受众的任务，这样的讯息传递自然加快了商品和服务的流通，活跃了市场，促进了经济的发展；与此同时也加快了消费者的购买决策过程，方便了消费者的购买活动。因此可以说，报纸广告是社会经济运行的润滑剂。

2. 反映社会的功能

报纸广告在一定程度上可以准确地反映社会现实，报纸广告的这一功能也可以称为报纸广告的“镜态功能”。广告的创意必然以老百姓日常生活中喜闻乐见的素材为主要来源。因此，生活环境的变化在经过艺术加工后必然会反映到广告中来。

3.支撑报纸媒体发展的功能

广告收入是报纸媒体经营收入的主要来源，正是在广告收入的推动下报纸才得以走过几百年辉煌的岁月。今天，报纸仍然离不开广告的支持，我们很难想象一家没有广告业务的报纸能够在竞争激烈的市场经济中生存和发展下去。

4.说服消费者购买的功能

广告从本质上说就是一种说服行为，报纸广告同样如此。“每一张报纸必须把准确定位品牌的价值和创造‘最良好的印象’作为广告工作的任务和目标，这需要确保报纸广告不只是传递信息,而且要带有说服的功能。”[①]只有尽可能地说服消费者购买产品或服务,广告才有意义。

5.间接为消费者读报付费的功能

支撑报纸经营发展的途径有两条:一是发行收入,二是广告收入。目前,普遍采用报纸发行定价低于报纸成本的经营方式。假如一份总成本为1.5元的报纸,零售价往往只定在1元左右。那么,这0.5元的差价就由广告主来承担。如果没有广告,读者购买报纸的费用必将大大增加。广告主在报纸上刊登广告的这一行为间接地为读者预付了一部分购买报纸的费用,这就减轻了读者购买报纸的经济负担。报社、广告主与读者在某种意义上实现了三方共赢。

二、报纸媒体传播广告讯息的优势

报纸广告在市场经济的运作中扮演着重要的角色,它的存在满足了市场、媒体和读者几方面的需求。下面具体介绍报纸媒体在广告讯息传播中的优势。

第一,报纸版面齐全,可刊登的广告信息量大,广告主有充足的版面空间发挥创意。同时,广告主还可以在一定范围内自主选择报纸版面。如汽车类广告主可以要求在汽车版刊登广告,化妆品类广告主可以要求在女性生活版刊登广告,文化产品类广告主可以选择在文化版刊登广告等。广告的灵活性也因此得以大大提高。

第二,报纸广告刊登费用较低、经济效果好,具有较高的性价比。对于广大中小企业主来说,报纸无疑是最理想的广告传播载体,企业可以用最小的花费取得尽可能大的广告传播效果。而对于大企业来讲,相对低廉的报纸广告费用可以为企业降低经营成本、拓宽广告讯息传播渠道,为实现立体式多方位的广告讯息传播提供有利条件。

第三,报纸易于保存且经常被传阅。作为一种纸质媒体,报纸具有易常年保存的特性,不像电视、广播讯息那样转瞬即逝。这样,读者就有可能把以前的报纸找出来重新翻阅,可以看到以前发布过的广告讯息,这对广告主来说是好事。另外,报纸的实际读者数量往往远远超过数据反映出的发行量。一般报纸的实际读者数约为发行量的2.5倍,这就使报纸的广告讯息有了比电视讯息、广播讯息更

① 巢建新. 如何让报纸广告产生更大效益[J]. 中国报业,2007(1):58-60.

高的到达率。报纸的读者调查统计数据与互联网广告的点击率数据相比更加有优势。广告主发布广告的目的是为了得到尽可能高的到达率，在这方面，报纸媒体显然更能合广告主的“胃口”。

第四，报纸编排灵活，广告甚至可以在交由印刷厂开印的前一秒进行修改。广告主可以有相对更充裕的时间配合广告策划人员完善广告内容和形式，将广告讯息做到尽善尽美。同时，广告主也可以根据市场变化及时调整广告战略，保持与市场营销的同步。

第五，报纸发行范围广、受众多。由于报纸媒体具有经济性与方便性的特点，因而报纸被社会各个阶层所普遍接受。稍有一点文化知识的人就可以阅读报纸，并且，报纸的覆盖地区范围较大，这样就会让尽可能多的人有机会看到报纸上刊登的广告。因此，报纸广告的到达率很高。

第六，报纸广告能够在文字信息之外添加大量图片信息，做到图文并茂，用最直观、最具说服力的方式劝服读者购买某种商品或服务。研究结果显示，视觉对信息的感知最为敏感，用视觉记忆的信息要远比用听觉记忆的信息牢固。因而报纸具备比广播等以听觉为主的媒体更好的记忆效果，更符合广告主预期的传播要求。广告主可以在报纸上用文字详细地描述产品信息，并配以精致、合适的图片加以说明，借此取得单凭文字或图片所得不到的信息传播效果。

第七，报纸广告具有较高的到达精确性，可以准确地瞄准目标对象。广告主可以根据广告目标受众的地理分布、兴趣爱好等特性选择合适的报纸投放广告，这样就能做到有的放矢，有效地避免广告投放的盲目性。报纸广告的到达精确性也同样有助于广告主用最低的成本换来最大的利益。比如，当某种商品的目标客户是足球爱好者的时候，在《体坛周报》《体育报》等专业性体育类报纸刊登广告的效果无疑会强于在其他媒体上刊登广告；而目标客户是电脑爱好者的时候，则可以在《计算机报》等 IT 类报纸上刊登产品广告。

第八，报纸媒体的主动阅读特性使报纸广告与电视广告、广播广告相比更容易让读者产生好感。由于受众在接受电视广告、广播广告时处于完全的被动状态，时间久了，受众必然会对电视广告、广播广告产生厌烦情绪，而这种厌烦情绪也会被受众下意识地带入其对广告产品或服务的心理接受度和印象评价中去，从而导致电视、广播等广告形象欠佳。而报纸广告由于无法强制读者阅读而不用担心引起上述厌烦情绪；相反，读者可以在自愿的状态下阅读甚至研究自己感兴趣的广告，这就大大提高了广告的传播效果和认知度。

第九,报纸广告适合对产品进行详细介绍。由于报纸的信息容量较大,且受众反感度较低,因此某些产品的广告(如汽车、电脑等技术含量高的商品广告)可以用详细的文字、大量的数据和逼真的图片加以介绍。另外,结合前面说到的报纸广告的主动阅读性和非强制性,如果受众主动寻找并阅读某一产品的广告,那就说明该受众对这一产品感兴趣,该受众就极有可能成为广告的目标受众。这时详尽的产品说明可以有效地帮助广告主向目标消费者传递信息,培养目标消费者对这一产品的认知与好感,并最终促进交易的完成。

三、报纸媒体传播广告讯息的劣势

报纸媒体在传播广告讯息时虽然具备以上优势,但也存在一些劣势。世界上没有绝对完美的事物存在,应辩证地看待报纸媒体在传播广告时的实际情况,从中找出劣势,以设法避开其传播劣势。

第一,报纸信息繁多,容易分散读者的注意力,使广告淹没在众多且无序的信息中。读者很有可能会忽略掉大部分广告,只有一小部分广告能幸运地引起读者的关注,有机会让读者细细阅读的广告就更少了,广告效果因此要大打折扣。电视广告虽然遭人厌烦,但是其强制性的特点却能在最大限度上让受众关注到某条广告。报纸广告能否被读者关注就只能借助其创意上的独特性和印刷上的醒目度了。

第二,报纸广告的印刷质量问题一直无法得到有效的解决。彩色印刷问题一直是限制报纸广告进一步发展的主要障碍之一,技术上的限制导致广告制作公司无法准确地执行设计人员的意图,最后制作出来的成品图总是与预期中的图像存在着或多或少的差距。在我国,印刷质量问题更加突出。事实上,我国很多印刷厂的设备要比一些发达国家的设备更先进,但为何印刷出来的成品质量达不到国外的先进水平呢?原因在于目前我国报纸广告的制作大多交由广告公司完成,而广告公司在制作报纸广告时却把新闻和广告当作一回事来操作印刷,效果当然不会好。

第三,报纸传播信息的速度较慢,无法与网络、电视等电波媒体抗衡,报纸广告也因此受到影响。一则广告要刊登在报纸上,必须经过送稿、审编、排版、印刷等多个环节,这就占用了大量时间,不利于时效性强的广告的发布。

第四,报纸广告不能在提供文字信息的同时提供声音元素和动态图像元素,因此在信息记忆度上逊色于电视、互联网等媒体,不利于某些需要借助声音和动态图像来告知大众的产品或服务类广告讯息的传递。

第五，报纸广告的生命周期短暂。由于现代报纸以日报、晚报、都市报等每天发行一期的报纸居多，因此，当天的广告讯息很快就会被第二天的广告讯息所覆盖。如果不能进行长期、大范围的广告宣传，广告就很容易因淡出读者的视线而被人遗忘。另外，虽然报纸具有可保存性，但是真正会找出以前的报纸再细细研读里面广告内容的读者少之又少，所以报纸广告的有效周期一般只有一天甚至半天。

第六，新媒体对报告广告的冲击较大。由于以互联网、手机为代表的新媒体具有互动性、即时性等报纸媒体所不具备的优点，所以新媒体更容易获得消费者的关注，因此也就吸引了大量的消费者的注意力，自然也更容易获得广告主的青睐。近年来流向新媒体的广告费用急剧增长，已经严重威胁到了报纸广告的市场份额。我们不得不承认，报纸已经不再是广告主选择的重点目标，电视、互联网等才是经济实力较强的广告主的第一选择，报纸已经逐步沦为传播广告讯息的辅助性载体。虽然中小广告主在短时期内仍然会将报纸作为第一选择，但中小企业广告主无法独立撑起报纸广告的大旗。媒体的发展必须依靠具有雄厚资本实力的大广告主，大广告主的流失已经给报社带来了巨大损失，报纸广告若想得到新的发展机会，就必然会陷入与新媒体争夺受众注意力的竞争中。

第三节 报纸媒体广告刊登费用

世界著名企业家华纳梅克曾经感慨地说：“我知道在我每年所花的广告费中有一半被浪费了，但我却不知道是哪一半浪费了。”这句话道出了几乎所有广告主的心声。在今天这个竞争日益激烈的社会，每个企业都希望自己的利益最大化，都希望自己拥有最高的知名度和美誉度。这原本就是市场经济发展的目标和要求。遗憾的是，有很多广告主错误地以为，只要多做广告，只要多往广告公司和媒体砸钱，就一定能得到自己所期待的广告效果。这种错误的想法事实上已经造成了许多企业的广告成本居高不下，有些企业甚至在负债运作。

造成这种状况，广告本身并没有错，错的是广告主投放广告时的心态和方式。广告主应该摒弃过去那种粗放型的广告战术，追求精准化的现代广告传播战略，瞄准目标受众，争取以最低的成本获得最大、最长远的利益。

要制定这种正确的、符合现代管理理念的广告战略，首先必须要对报纸广告刊登费用有一个基本的了解。

据相关机构统计预测,在全球广告市场复苏的大背景下,2017 年中国报纸广告的市场规模将会出现反弹。根据慧聪《中国报刊广告年度报告》以及 CTR 媒体智讯的数据显示,虽然网络广告、户外广告、电视广告等在一定程度上影响了报纸广告的增长速度,但高于 6%的报纸广告增长率表明,我国报纸广告市场仍然保持着增长态势,而这种态势本身的存在,对中国报纸广告来说就是一件好事。因此,在全球经济没有太大起伏、报业平稳发展的背景下,中国报纸广告不太可能遭遇类似于 2005 年那样的"寒冬",只是增长速度不会过快,幅度较小而已。

既然报纸广告的总体市场情况在预期下不会有明显波动,那么报纸广告价格也将会维持在理性的、可预测的、可控制的水平线上。

在研究具体报纸广告的价格前,先介绍几个专业报纸广告购买术语。

(1)刊例,所谓刊例就是一整套的媒体手册,包括媒体说明、媒体覆盖、发行及受众分析、媒体公开价格(就是刊例价)、市场折扣等资料。在购买媒体前,相关人员必须熟悉所要购买的报纸媒体的价目表,做到心中有数,然后才能以更合理、更经济的价格买到想要的广告段位。

(2)通栏,通栏是指将报纸整版分为几份,按份数出售版面的做法。比如把 4 开报纸分成五分之一版就是 6 通,分成四分之一版就是 8 通,分成十六分之一版就是 16 通,以此类推。

(3)空白。报纸等印刷媒体在编排广告时会在广告周围留下一定比例的版面空间,这个版面空间没有任何设计或装饰,仅涂上统一的颜色,以期在视觉上取得更好的效果。这个版面空间就叫空白。实践证明,适当的空白可以提高读者对广告的注意率;如果不留空白而让广告撑足版面则称为"出血"。

(4)插页。指插在报纸中,与报纸同时发行的单页或多页广告。商品目录、折扣信息、节庆活动等都可以作为插页插入报纸。

(5)报眼。指报头一侧的版面,报眼常常更引人注目。如果能够成功购买到这个位置并刊登广告,就可以获得更高的注意率,实现广告的预期效果。当然,这个版位的售价往往也非常高昂。

(6)报花。报花的面积小,位置灵活,售价较低,是刊登小广告的理想选择。

(7)版面。一种通用的报纸规格,以印刷用纸的一整张幅面为计算单位。

(8)版位。报纸的版面位置叫版位。

报纸广告购买的专业术语还有很多,这里只解释了一些重要概念。

下面是几家报纸媒体的广告刊例价。

《人民日报》2015 年广告报价 （单位：元）

规格（高×宽）	黑白	两地套彩	四地套彩	全国套彩	设计费
48×34.8cm（整版）	280000	308000	364000	392000	2000
24×34.8cm（1/2 版）	140000	154000	182000	196000	1000
16×34.8（1/3 版）	90000	99000	117000	126000	700
24×17.3（竖 1/4 版）	70000	77000	91000	98000	500
12×34.8cm（横 1/4 版）	70000	77000	91000	98000	500
12×17.3cm（1/8 版）	35000				300
6×17cm（周刊报眼）	472000	50000	60000		
6×4cm（1 版报花）	14300			20000	
6×4cm（其他版报花）	8600			12000	

说明：

1. 指定版面加收全额广告费的 10%。

2. 广告需提前三个工作日订版。要求加急刊登的广告，需加收全额广告费的 20%。

3. 刊前 24 小时内要求撤版，需交全额广告费的 20%作为撤版费。

4. 四地套彩中的“四地”指北京、上海、广州和重庆，或客户任选包括北京在内的四个省市。

5. 电子版文件需提供 300dpi 的 jpg 或 tif 图，或飞腾 3.1 版文件；胶片黑白版网线为 85，彩色版网线为 110。

6. 广告费须刊前结算：广告费以外币结算的，按汇款日外汇买入价折算人民币。

7. 本刊例从 2013 年 1 月 1 日起执行。另注，以下账户信息中的人民日报传媒广告有限公司系人民日报社全资公司，全权负责人民日报广告的管理发布运营。

《光明日报》2016 年广告报价 （单位：元）

规格（高×宽）	四版	全国套彩	两地套彩	黑白
48×35cm（整版）	350000	280000	260000	216000
35×24cm（小全版）	210000	168000	148000	128000
24×35（1/2 版）	175000	140000	130000	108000
16×35（1/3 版）	116000	93000	72000	500
24×17.5cm（竖 1/4 版）	87500	70000		54000
12×35cm（横 1/4 版）	87500	70000		54000
10×35cm（通栏）				43200
12×17.5cm（1/8 版）				27000

头版广告价格

规格（高×宽）	全国彩色
12×35cm（横 1/4 版）	180000
10×35cm（通栏）	150000
6.5×17.5cm（报眼）	160000

《解放日报》2015 年广告报价 (单位:元)

版面	规格(高×宽)cm		黑白	套红	彩色
一版	报眼	6.5×17	45000	48000	50000
	下方报眼	6.5×17	42000	45000	48000
	通栏	8×35	100000	110000	120000
二版	4×35		36000	40000	48000
	通栏	8×35	68000	74000	86000
	12×35		10000	110000	120000
新闻版(A 级)	分报眼	6.5×17	20000	21000	22000
	半通栏	8×17.5	18000	20000	24000
	通栏	8×35	34000	37000	43000
	1/4 直版	24×17.5	51000	56000	65000
	双通栏	16×35	66000	72000	84000
	半版	24×35	100000	106000	120000
	整版	48×35	200000	212000	240000
	跨页双通栏	16×74.5	158000	172000	20000
文字版(B 级)	半通栏	8×17.5	16000	18000	22000
	通栏	8×35	30000	34000	40000
	1/4 直版	24×17.5	45000	50000	60000
	双通栏	16×35	58000	66000	78000
	半版	24×35	90000	96000	110000
	整版	48×35	180000	192000	220000
B 级版面	小全版	35×24	108000	115000	132000
特殊规格广告	全半版	48×17.5	108000	115000	132000
	跨页双半版	24×74.5	216000	230000	264000
	跨页双通栏	16×74.5	139000	158000	187000
《网络周刊》	半通栏	8×17.5	14000	16000	20000

续表

版面	规格(高×宽)cm		黑白	套红	彩色
《汽车周刊》	通栏	8×35	26000	30000	34000
《住宅消费周刊》	1/4 直版	24×17.5	40000	45000	54000
(C 级)	双通栏	16×35	50000	58000	66000
	半版	24×35	75000	80000	100000
原版	48×35	150000	160000	200000	
	连载小说旁	16×9.5	14000	16000	
C 级版面	小全版	35×24	90000	96000	120000
特殊规格广告	全半版	48×17.5	90000	96000	120000
	跨页双半版	24×74.5	180000	192000	228000
	跨页双通栏	16×74.5	124000	144000	163000
《解放日报》分类广告·中缝广告					
规格 高×宽 cm	价格	规格 高×宽 cm	价格		
1×3.5	150	4×4	1000		
2×3.5	300	8×4 (4×8.5)	2500		
3×3.5	450	8×6 (6×8.5)	3800		
4×3.5	600	8×8.5	5000		
规格 高×宽 cm	黑白	套红	彩色		
整条(48×4.5)	10000	12000	13000		
半条(24×4.5)	5000	6000	6500		

报纸作为一种存在和发展了数百年的信息载体,已经在人们的日常生活中占据了不可替代的位置;报纸广告作为历史悠久的信息传播载体之一,已在广大受众脑海中留下了深刻的印象。但是,我们应当看到,在新媒体快速发展的今天,报纸的广告编排、版式设计、文案与图片的搭配、广告语与广告内容的创作等,也应

当创新改革,因而必然会在报纸媒体的广告传播策划与广告内容的编排上对创作人员提出了新的要求,这同时亦是一种挑战。如何应对?答案是:一方面要积极借鉴、吸取国外报纸媒体的创新策划理念为我所用,也就是鲁迅所说的"窃他国的火,意在煮自己的肉"。一方面则要苦练内功,将广告策划理念与策划技巧、广告实践有机地结合在一起,利用网络版丰富纸质版的内容,以迎合现代年轻读者的阅读需求,两者相互补充、并行不悖。以媒体的共同发展促进媒体间的进一步融合,实现报纸在高科技时代的持续繁荣。

最后需要注意的是:在新媒体快速发展和受众的广告认知越来越理性的情形下,面对不断增加的媒体竞争者和报纸发行量持续下降的局面,一些报纸近几年已经不再单纯以总发行量的变化和刊登广告所需占用的版面大小为依据来计算广告价格,而是根据报纸每个版面实际读者的多少来计算广告所需费用。这在报纸广告的发展与改革中是一个进步。当然,这样做也会使报纸面临更多的危险和一些不确定因素。如何把这些危险和不确定因素限定在可控制的范围内,对已经实行广告价格改革的报纸来说无疑是一个艰巨的挑战。这一反传统的改革效果如何,目前还不得而知,但改革本身则无疑是进步的。

本章复习思考题:

1. 报纸媒体历久不衰的原因是什么?
2. 你如何评价报纸媒体传播广告的优劣势?
3. 报纸媒体的人均广告到达率相比电视媒体如何?请谈谈你的看法。
4. 你如何看待新媒体的发展给报纸媒体带来的挑战?

第三章 广播媒体

本章重点：广播媒体的特性与传播广告的优劣势。

本章难点：如何最大限度地化解广播媒体传播广告的劣势。

第一节 广播媒体特点

随着现代科学技术的发展，媒体种类日益增多。广播作为一种纯声音的媒体，已经失掉了往昔如日中天的地位。但是作为一种传统媒体，广播依然有着无法替代的地位，仍然在主流媒体中占据着一席之地。

广播既是一个独立的媒体，也是一个具有依附性的媒体。作为一个独立的媒体，在今天这个"流媒体时代"与"数字化时代"，广播正朝着轻巧、便携、精致的方向发展，在人们的工作、学习、生活中扮演着重要角色，成为大众不可或缺的数字产品。与广播的独立性相对的是广播的依附性。广播依附于汽车、手机、MP3 等电子设备。广播的独立性与依附性相互补充，使广播媒体获得了更大的发展空间。

另外，现代生活的节奏越来越快，移动人群成为很重要的一部分，这就为广播这一可移动的伴随性媒体提供了广阔的发展空间。播放与收听场所的变化，也使广播的种类日益增多起来，比如受听众喜爱的数字广播就是广播的一个种类。

广播自身的技术革新与创造给广播带来了巨大的推动力。数字广播 DAB (Digital Audio Broadcasting) 与 DMB (Digital Multimedia Broadcasting) 是继 AM、FM 之后的新一代广播，它提供了接近 CD 质量的声音，它的出现是广播技术的一场变革。数字广播是继调幅广播（20 世纪 20 年代开始的）之后的第二代广播。数字广播开始于 20 世纪 50 年代，它克服了中波广播的很多不足，如串台严重、频带不够分配、信噪比差等，实现了保真度高、动态范围宽、信噪比好、串台较少的优点。[①] 数字广播使听众更容易收听,听众不受地域限制,在世界任何地区,如山区、森林地带都能很清楚地收听到节目。数字广播完全不受杂波和强信号的干扰,而且发射费用较低。数字广播技术是一项数学技术与卫星技术相结合的新技术,它与一般的立体声广播不同,首先需要将播出的节目源送至卫星广播数字处理中心,节目源经过加工后再被送至上行站播出。接收数字卫星广播节目无需动用大型的接收天线,只需直径 10cm 左右的圆形天线和小型便携式接收机即可。目前市场上已经有可以收听数字卫星广播的接收机,如收音机、mp3 等。

DAB 是数字广播的一种,早在 20 世纪 70 年代末,欧洲就开始了 DAB 的研究,英国、德国、比利时、丹麦等欧洲国家的数字音频广播覆盖率已经达到了相当高的水平。英国是 DAB 发展较快的国家之一,已有 414 套 DAB 广播,DAB 广播的种类多达 30 多个。DAB 在美国起步较晚。1990 年,美国成立了数字广播集团,为加快 DAB 发展,美国数字音频广播分委员会成立了 WG－B 工作组。2004 年,WHUR 电台开始广播高保真数字广播节目。2007 年年初,美国两大卫星数字音频广播服务供应商 Sirius 和 XM 相继宣布其订户分别超过了 602 万户和 762 万户。DMB 是通信和广播相融合的新概念多媒体移动广播服务。卫星 DMB 广播突破了传统上对媒体分类的限制,几乎可以整合所有数字设备功能。DMB 在节约频率资源的同时还能提供优质的多媒体广播服务,打破了传统模拟广播的模式。它既能播出优质的声音节目,也能播出图像节目和数据,还可以移动接收。调频广播在城市中已基本普及,广播通讯卫星传输也已被广泛使用,数字广播技术的发展给当代广播业带来了很多的机遇和价值。

从传统意义上说,广播具有较强的接近性和伴随性。但是,在科技飞速发展的今天,广播的这一优势已经明显被弱化。由于科技不断创新,移动电视正在侵占广播的地盘,收听广播已不再是乘坐汽车时唯一的选择,公共汽车、长途汽车上的移动电视已成为乘客的新宠。当然,广播还是很受出租车司机和私家车车主青睐。从这方面看,广播的受众比例相对减少了,这是不争的事实。如果仅从广播的收听环境角度看,广播媒体伴随性的优势是其他任何媒体都无法比拟的。在电子媒体家族中,只有广播可以突破时间、空间上的限制,将信息即时传播出去。收听广播节目只需要听众使用听觉器官,并不妨碍其他器官的正常活动,听众可以一边做事情一边收听广播节目。广播的伴随性特征在网络广播中也有所体现,人

---

① 参见黄如星,朱桂林. 调频立体声广播技术[M]. 宁波:浙江大学出版社,1988.

们在浏览网页、收发邮件及网上聊天的过程中，可以兼听广播。

从广播的听众角度看，广播的听众与主持人之间的互动只有电视可以与之相媲美，报纸与杂志则无法企及。近年来，随着手机等传播媒体的应用与普及，截至2007年，全国广播电视观众参与的直播节目共34216个。[①] 其中，广播直播节目达3121个，这类节目多以生活服务、电话咨询、听众点歌、竞猜、问题投诉、社会热点为主要内容。广播直播节目通常通过热线电话将听众和节目主持人连在一起，以实现一种双向直接的交流形式，以给听众更多的直接参与广播的机会，增强主持人与听众的交流感，使广播更加贴近群众、贴近生活、贴近实际。

第二节 广播媒体广告传播的优劣势

一、广播媒体传播广告的优势

1. 价格低廉

广播广告的主要优势在于价格低廉。在大多数媒体陆续产业化的今天，商家一直在打价格战，期望用最少的投入得到最大的收益。广播广告的费用是各类广告媒体中最低廉的，因而广播也是经济实惠的广告媒体之一。各地方电台在黄金时段的平均广告费用为每分钟1000—5000元，远远低于电视广告的费用。比如，中央电视台《幸运52》贴片广告的播出价格是17000元/5秒，而中央人民广播电台一套C段(11：30—12：00，17：00—18：00，19：00—22：00)的广告播出价格是2000元/30秒。广播在价格上有着独特的优势，广播广告也因价格优势而市场前景较好。

广播广告的千人成本低。调查结果显示，一些省份的广播黄金时段的广告的千人成本平均只有0.72元，约是同地区同时段电视广告的千人成本(6.71元)的十分之一。在同等级别的媒体中，广播广告拥有较低的千人成本，特别适合一些将目标市场定位在本地区的中小企业投放广告。以某市电台为例，其黄金时段的广告千人成本不到0.5元，约是同地区同时段电视广告千人成本的十分之一。

① 数据来源于中国广告网。

2. 伴随性

这是广播独一无二的传播优势，尤其是在“有车族”规模急剧扩大的今天。“有车族”广播听众的出现给城市广播的发展带来了机遇。中国传媒大学广告学院黄升民教授认为，移动人群引爆了广播媒体。上海文广新闻传媒集团副总裁、广告经营中心主任高韵斐说：“以上海为例，随着经济保持高速稳定的增长，上海机动车数量的激增，同时带来了副产品——‘交通问题’，产生了‘移动人群’这一新兴群体，在这样的情况下，广播广告拥有了大量新增的移动人群听众。”

在我国台湾地区，车载听众的比例已高达53%，超过了“在家里收听”的比例。在美国，车载听众的比例已高达70%以上。预计到2019年，我国车载听众的比例将超过44%，成为广播广告的巨大“金矿”。车载听众层次较高，广播广告价值极大。例如，从2000年起，北京交通广播便成为北京电台创收的顶梁柱。北京地区的广播广告十年来持续以20%左右的增幅增长，甚至在全国广播广告负增长的1999年，北京电台的广播广告仍然增速不减。在这种高速增长之下，广播给整个媒体市场带来了鲶鱼效应。

3. 贴近性

广播广告在听众收听方面也具有自己的优势。据赛立信调查的数据显示，广播广告的有效到达率为75.3%，超过四分之三的听众在听到广播广告后不会换台。广播广告播放的过程实际上是“广告”与听众对话的过程，这种对话方式很容易被听众所接受，也会让听众产生亲切感。这个对话过程在无意间向听众传达了产品信息，促成了相当一部分潜在消费者消费行为的发生。

在当前激烈的媒体竞争形势下，广播仍然是具有相当竞争力的大众传媒之一，具有自身的独特优势和特点，是受众获取信息的有效途径之一。

二、广播媒体传播广告的劣势

但是，俗话说“金无足赤，人无完人”，广播也有其自身的劣势。如广播听众接收方式单一，只能利用听觉接收信息，看不到具体商品。心理学家认为，“声音符号有先天的劣势，从接收信息的渠道来看，视觉占80%，听觉占19%，其他占1%(国外传播学者的调查统计显示，受众的信息接收率为：视觉占83%，听觉占

17%;受众接收信息时的集中度为:视觉 81.7%,听觉 54.6%;受众对信息的记忆保持率为:视觉 20%,听觉 10%,二者结合占 65%)”[①]。从这个角度来看,广播广告的效果远不如电视、报纸和杂志广告。

此外,由于广播广告价格低廉,因而商家倾向于多次重播广播广告,以提高商品信息的覆盖率,但这样做很容易引起听众的反感。

近年来,网络广播兴起,很好地弥补了广播广告的上述缺陷。广播与网络结合后,由于数字化的应用,广播可以存储于网站上,根据需要随时调用重播,甚至还可以复制。这就弥补了广播节目仅有声音而无图像和文字的缺陷。广播通过网络播出后,部分节目内容可以在网页上用文字表达,也可加上图片、图像,真正实现声音、图像、文字三合一的多媒体传播。听众不但可以在网上收听广播,还可以收看以文字和图像形式提供的节目材料及主持人介绍,获取广播的背景资料,与其他网友在网上交流意见。而且网络为听众提供了广阔的发表意见的空间,利用电子邮件、电子论坛、聊天室等,最大限度地满足听众参与节目的需求。另外,网络广播可以承载更多的广告,网络广播广告收入的高低取决于听众人数和收听频率。在线电台被听众收听、阅读、观看的频率越高、范围越广,广告客户就越多,广告收入也就越高。

第三节 广播广告发展历程

20 世纪 20 年代,广播在欧美一些国家诞生并逐渐普及,随后广播就被用来传播各种信息。广播不但是重要的新闻传播媒体,而且也是广告信息的主要载体。广播广告由此盛行起来,广播广告利用声音传播商品或劳务信息,它是有声广告的一种,也是整个广播节目的一部分。在电视诞生之前的近 30 年的时间里,广播曾经是广告主所钟爱的媒体,比如美国的 Lucky Strike(红光)牌香烟就是靠大量的广播广告积累起知名度的。

1920 年 9 月,美国匹兹堡西屋公司的广播电台(KDKA)播出了最早的广播广告,是一条销售收音机的广告。1922 年 8 月,美国(WEAF)电台正式开通了商业广告业务,价格为每 10 分钟 100 美元。由此,电台和商家开始了亲密的合作,广播的广告媒体功能开始为人们所重视。[②] 到 1941 年,美国广播广告收入增至

---

① 江琴宁. 广播媒介管理学[M]. 宁波:浙江大学出版社,2004:19.

② 参见郑智斌,李广成,李和平. 电波广告实务[M]. 北京:中国广播电视出版社,2003:11.

2.25 亿美元。1945 年,美国广播广告收入在全国广告总收入中的占比由 1935 年的 6.5%迅速提升到 14.6%。直到 20 世纪 50 年代电视媒体兴起以后,广播媒体才由强转弱。1955 年全美广播广告收入在全国广告总收入中所占比例由 1950 年的 10.7%下降到 6.1%。[①] 美国广播界有句名言:“车轮子和干电池拯救了广播。”20 世纪 70 年代,正在美国广播即将在时代的浪尖上滑落时,“车载听众”赋予了广播新的生机与活力。据全球著名媒体购买商 OMD 的统计资料显示,2002 年美国广播广告收入达 200 亿美元,占整个美国媒体广告市场的 14%。

中国广播界则经历了“繁荣—衰退—繁荣”的发展过程。中国的广播广告出现在 20 世纪 30 年代初。上海、天津等地的民营广播电台和商业广播电台开办了商业性广播节目,并在节目中间插入广告,这些广播电台主要依靠商业广告的收入维持运转。新中国成立后,广播事业快速发展,但也经历了许多曲折,广播广告曾停滞了二十多年,直到 20 世纪 70 年代末 80 年代初,中国内地的广播电台才又一次开办了广告节目。到 1981 年年底,全国广播广告经营额达 1.18 亿元。

20 世纪 90 年代中期,随着经济的繁荣发展和广播经营策略的改变,广播广告得到了全面快速的发展,中国的广播媒体迎来了属于它的第二个春天。1994 年,全国共有 929 家电台经营广告业务,广告从业人员有 72000 多人,全年广播广告营业额超过 5 亿元。1995 年,全年广播广告营业额约为 7.4 亿元,增长较为缓慢,仅占当年全国总广告费的 2.7%。1998 年广播广告营业额为 13.3 亿元,占全国广告总额(500 亿元)的 2.5%;1999 年这一比例上升明显,为 4%。到 2000 年,全国广告总额达 712 亿元,其中,广播广告营业额为 15.19 亿元,占全国广告总额的 2.2%。[②] 2000—2005 年,中国广播广告的增长幅度一直维持在 20%左右,全国广播广告收入总额从 2000 年的 15.2 亿增长到 2005 年的 49.68 亿元。

第四节 广播媒体广告播出费用

一、黄金时段

广播不受时间、空间的限制,听众随时随地可以收听广播,因此广播媒体也被

---

① 数据来源于郑智斌,李广成,李和平. 电波广告实务[M]. 北京:中国广播电视出版社,2003:19.

② 数据来源于郑智斌,李广成,李和平. 电波广告实务[M]. 北京:中国广播电视出版社,2003:21-22.

称为移动媒体。电视媒体只有集中的短短几个小时的“黄金时间”,而广播听众的收听时间却很分散。所以,有效利用广播的时间资源,就可以收到较好的广告效果。调查显示,早晨 6:00—8:30、傍晚 17:00—19:00、11:30—13:30 为收听的最高峰。这三个时段就是电台的黄金时段。但是根据具体情况,每个电台的黄金时间段也是不同的。比如交通台的黄金时间段为早 7:00—9:00、晚 17:00—19:00,因为这个时间段大家都在上、下班的路上。11:00—13:00、19:00—21:00 是广播电台和电视台的黄金时段。近年来,全国交通广播广告总量增幅每年均保持在 25%以上,2006 年广播广告收入达到 15.16 亿元人民币,占全国广播广告收入的 31%左右。

黄金时间的广告采用甲级收费标准,广告通常被安排在收听率最高的时间播出,如早晨上班前、中午吃饭时和晚上下班后,时间较固定。非黄金时间的广告采用乙级收费标准,一般在听众不是非常集中的时间段播出,如凌晨和上班后。随时插播的广告的播出时间则相对游移不定,很难形成较大的广告声势,因而费用较低,属于丙级收费标准。以下是中央人民广播电台中国之声频率的广告价格表。

中央人民广播电台中国之声广告价格表

(执行日期:2016 年 1 月 1 日起)　　单位:元/次

时段	段位	7.5 秒	15 秒	30 秒	常规节目设置
00:00—02:00	A	常规	2690	4630	《千里共良宵》
02:00—04:00	A	常规	2690	4630	《记录中国》/昨日新闻重现(重播)
04:00—06:00	2A	常规	5580	9170	《养生大讲堂》/《悦动清晨》
06:00—06:27	3A	常规	6990	11500	《国防时空》/《品牌之旅》(周六、日)
06:27—06:29	早高峰①段	11080	20140	30990	《新闻和报纸摘要》前
06:29—06:30	《新闻和报纸摘要》前	13720	24940	49880	
06:30—06:59	《新闻和报纸摘要》				
06:59—07:00	《新闻和报纸摘要》后	15500	28190	56380	《新闻和报纸摘要》后
07:00—07:30	早高峰②段	12350	22450	44900	《新闻纵横》 第一小时问新闻:问焦点、问热点 第二小时追新闻:追进展、追争议
07:30—08:35	早高峰③段	13210	24020	48040	
08:35—09:00	早高峰④段	11870	21580	43160	
09:00—10:00	4A	常规	8780	14560	《央广新闻》 第一时间/第一现场/第一人物/第一真相 第一评论/此时此刻/难忘的中国之声/服务站
10:00—11:00	3A	常规	6990	11550	
11:00—12:00	4A	常规	8780	14560	
12:00—13:00	4A	常规	8780	14560	全球华语广播网(含天天体彩)

续表

时段	段位	7.5 秒	15 秒	30 秒	常规节目设置
13:00—13:30	3A	常规	6990	11550	《央广新闻》 第一时间/第一现场/第一人物/第一真相 第一评论/此时此刻/难忘的中国之声/服务站
13:30—16:00	2A	常规	5580	9170	
16:00—16:30	3A	常规	6990	11550	
16:30—17:00	晚高峰①段	7480	13600	22280	《央广新闻》晚高峰 1 《新闻事中新闻人》/《央广新闻榜》
17:00—17:30	晚高峰②段	7850	14270	28540	
17:30—18:30	晚高峰③段	11680	21240	42480	
18:30—18:59					《新闻联播》
18:59—19:00	《新闻联播》后	11570	21030	42060	《新闻联播》后
19:00—20:00	3A	常规	6990	11550	《央广新闻》晚高峰 2 晚高峰《新闻调查》/《今日最美新闻人》
20:00—20:30	2A	常规	5580	9170	《小喇叭》
20:30—21:00	2A	常规	5580	9170	《直播中国》(含天天福彩)
21:00—22:00	3A	常规	6990	11550	《央广夜新闻》 《新闻纵贯线》《今夜有话说》《新闻故事会》
22:00—00:00	2A	常规	5580	9170	

备注:
1.《中国之声》广告价格将根据广告销售情况以及广告时间饱和情况择期调整,请及时关注;
2.《中国之声》作为中国最权威的新闻广播媒体,经常有重大直播安排,因此以上常规节目设置仅供参考;
3. 每周日晚 19:30—22:00 播出特别栏目《中国大舞台》;
(资料来源:中央人民广播电台网站)

二、体育赛事

在众多体育节目中当然少不了广告。广播广告借着“世界杯”“冬季奥运会”“夏季奥运会”等大型体育活动,吸引了众多商家的注意力。不同体育广播广告的价格差别很大,以下是北京广播电台体育广播特别广告价格表:

体育广播特别广告价格表(2005 年)

广告类别	播出方式	长度	基本合作期	价格
台标广告	台标后播出,每天 30 次	7 秒	一个月	9 万元
报时广告	整点报时前或后播出,每天 18 次	7 秒	一个月	6 万元
天气预报	天气预报前或后播出,每天 18 次	7 秒	一个月	6 万元
奥运倒计时	在三大新闻板块节目中,本节目由 * * 特约播出(节目首尾各一次,每天播出 6 次)	7 秒	一个月	6 万元
路况信息挂牌(全天 11 次)	7:05 7:20 7:50 8:20 8:50 9:20 9:50 16:20 16:50 17:20 17:50 18:20 18:50	5 秒	一个月	6 万元

体育广播赛事套播特别广告价格表(2005 年)

赛事类别	比赛内容	转播场数	广告内容	价格
常规赛事转播	中超(北京主客场)足协杯	24 场以上	每场比赛栏目挂牌 4 次,30 秒广告 4 次	250000 元/全部场次
	CBA(北京主客场)	常规赛 38 场,季后赛 14 场	每场比赛栏目挂牌 8 次,15 秒 * 10 次 每场套播 30 秒广告 8 次	360000 元/全部场次
重大赛事转播	全运会(足篮排棒乒羽)	20 场以上	前期:每天三大新闻板块设《赛场传真》挂牌 3 次	800 元/天
			每场比赛直播,企业挂牌 4 次,30 秒广告 4 次	7500 元/场
重大赛事转播	八强赛世界杯外围	16 场以上(包括热身赛)	每场比赛直播,企业挂牌 4 次,30 秒广告 4 次	7500 元/场
	世青赛(U18/U20)	10 场以上(包括热身赛)	每场比赛直播,企业挂牌 4 次,30 秒广告 4 次	7500 元/场
商业比赛或单场重要比赛转播	NBA 中国行	2 场	每场比赛直播,企业挂牌 4 次,30 秒广告 4 次	40000 元/2 场
	皇马、阿森纳、拜仁等	3 场	每场比赛直播,企业挂牌 4 次,30 秒广告 4 次	40000 元/2 场
	A3	3 场	每场比赛直播,企业挂牌 4 次,30 秒广告 4 次	40000 元/3 场
	亚冠、超霸杯、女足	3 场	每场比赛直播,企业挂牌 4 次,30 秒广告 4 次	40000 元/3 场
	中央台北京台转播的重要比赛	3 场	每场比赛直播,企业挂牌 4 次,30 秒广告 4 次	40000 元/3 场

(资料来源:北京广播网)

从表中可以看出,广播广告中价格比较高的是整点报时广告和超级赛事直播广告。其他体育广播电台的广告价格各有差异,上海体育广播(FM94.0)2006 年 3 月的 5 秒标版+15 秒广告(05:00—24:00,20 次/天)价格为 90000 元/月,超级赛事预告 10 秒(体育、娱乐、资讯套装)一周的价格为 10000 元/场。

三、定位

广播广告的定位指针对不同人群制作和播放不同类型的广告。由于电台的节目多种多样,所以不同的时段会有不同的听众。许多广播电台在晚上播放流行音乐节目,而把新闻节目放在早晨播放。图 3-1 显示的是上海不同年龄群体的听众每天收听广播的情况。

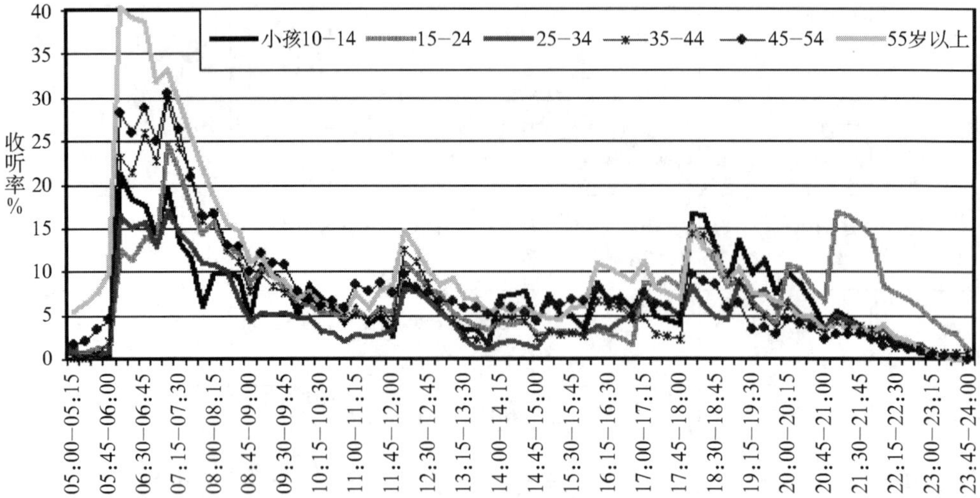

图 3-1　上海市不同年龄组的收听走势

数据来源:央视—索福瑞媒介研究

以上海为例,从图 3-1 中可以看出,年龄较大的人集中在早晨 6:00—9:00 收听节目,收听高峰出现在早晨 7:00 左右。第二个高峰出现在中午和晚上黄金时段稍前的一段时间。这个时间段的听众主要是老年听众,约占整个听众群的 20%。他们一般属于离退休人员,是一个比较庞大的消费群体,尤其在某些老年人专用产品方面有着巨大的消费潜力。数据表明,部分城市电台 90%的广告是医药专题广告,专家在广播电台坐诊,通过广播即时互动地与听众沟通答疑,获得了良好的广告效果。而且广播广告的制作与播出易于操作,制作成本低,其带来的广告收益日益成为一些电台的主要收入来源。

年轻人(主要是学生)喜欢在傍晚收听节目,其中年龄稍大一些的学生是晚上21:00至午夜时分的主要听众。学生大约占整个听众群的15%,其中在校大学生占较大份额。这一听众群体的文化程度相对较高,他们将是未来的消费主力军。

中年人的收听具有连续性。25—34岁的人喜欢在早晨上班的路上和一天工作结束的时候收听节目。随着移动收听工具种类的增多与移动收听工具的日益轻巧便携,越来越多的白领加入了广播听众的行列。数据显示,这一听众群的比例约占10%,在经济发达的城市,如上海、北京等地,白领听众的比例更大。他们是具有巨大消费潜力的听众群体。

由于广播技术的革新,广告发布业务现在可以采用崭新的移动多媒体形式,可以针对特定的用户群,从而提高广告的收听率,经营者在广告方面的收益也会明显提高。

四、广播广告不同播出类型的收费差别

由于播出方式的不同,广播广告可以分为插播广告、夹播广告、特约广告、赞助广告。这四种广告的成本和播出效果是不同的:插播广告和夹播广告一般由电台自由选择播出时间,费用比较低;特约广告在特定时间或节目中播出,这种广告效果较好,但是费用也高;由客户出钱赞助广播电台举办节目或组织社会活动,在节目中插播客户的产品广告或厂名、店名的广告是赞助广告,赞助广告一般不收广告费或收较少的广告费,电台一般不通过赞助广告赚钱。

本章复习思考题

1. 广播媒体的特点有哪些?
2. 通过广播媒体发布广告的优劣势有哪些?
3. 广播媒体面临的最大挑战是什么?

第四章　杂志媒体

本章重点:杂志媒体在传播广告时的优劣势。

本章难点:杂志媒体在未来的媒体竞争中面临的挑战。

第一节　概述

一、我国杂志的现状

截至21世纪初,我国杂志[①]品种总数一直维持在8000种左右,其中社会科学期刊和科学技术期刊各占一半。从发行量和征订途径来看,我国发行量大的杂志(期发行100万册以上)不足25种,其中期刊最高发行量未超过500万册。发行任务的完成一部分依靠市场,一部分则在很大程度上依靠计划体制的支持。中国杂志发行的主要途径是读者订阅,邮局代理绝大多数杂志的订阅工作。只有一小部分畅销杂志在零售市场上可以买到。

与国外成熟的期刊市场相比,我国期刊市场的不成熟主要体现在以下几个方面:

(1)发行渠道相互抑制。数据统计显示,20世纪末,我国杂志的年发行量大约为28.9亿册,人均年占有杂志仅3册;而同时期的日本,人均年占有杂志数量达到20册,是我国的将近7倍。相比之下,我国的期刊市场远不如国外繁荣和成

① "杂志",又称期刊,是一种定期出版物,是指有固定名称,用卷、期或者年、季、月顺序编号,按照一定周期出版的成册连续出版物。辞海(中册)[M],上海:上海辞书出版社,1979:614. 本书视不同语境,有时用"期刊",有时用"杂志"称之。——作者注

熟，原因在于，在我国存在发行渠道之间互相抑制而非互相激发的局面。

(2)发行手段比较粗放。我国期刊发行市场基本上还处于比较粗放的阶段，现代市场管理体制不够成熟，科学管理水平不够到位。与国外相比，我国的期刊缺乏市场调研和读者数据库开发等环节。这样的现状导致我国绝大多数期刊出版人难以找准自己的读者群，无法确定读者的年龄、性别、职业、文化、经济特征等人口属性。我国杂志销售量的70%由邮局代理。这种垄断性经营的特征，使期刊出版人在受惠于邮局发行工作的同时，也在一定程度上受其制约，很难利用更广泛的发行渠道发行期刊。

二、杂志的分类

在世界各国中，美国的杂志媒体发展最为成熟，杂志市场也比较完善，杂志分类比较有代表性。美国将杂志分为三种类型，即消费类杂志、商业类杂志和机构类杂志。

1.消费类杂志

消费类杂志(consumer magazine)最初是为服务大众消费而出现的，例如《读者文摘》(*Reader's Digest*)和《电视指南》(*TV Guide*)。这类杂志发行量很大，如同消费品一样被投入市场，往往出现在报亭供广大读者阅读。因而，消费类杂志拥有数目可观的读者群，这些读者对广告客户产品的宣传意义重大。所以，这类杂志常常是企业刊登广告的首选。消费类杂志的读者又可以进一步细分为大众读者和专业读者两类。大众读者从杂志上获取生活、娱乐信息，他们的购买行为类似于消费文化。这种消费在为他们提供所需资讯的同时也满足了他们精神文化的需求；专业读者往往把购买目标集中在一个专题上，比如《网络杂志》(*Internet*)的读者便是该专业的兴趣爱好者。

2.商业类杂志

商业类杂志(trade magazine)又称专业商业杂志(specialized business magazine)或者B to B杂志(business-to-business magazine)。这类杂志的读者群往往是某专业领域的从业者，比如《面包加工》(*Baking Management*)的读者群就是面包商人。美国商会(the American Business Press)对B to B杂志有这样的评

价:“将深度报道和清晰分析提供给某个特定读者群,以便他们能够做得更加专业,也使得他们的生意更加成功。”商业类杂志的发行量一般不会太大,而且往往免费提供给专业读者,所以杂志的营运主要依靠广告收入。通过此类专业类杂志,广告商能更准确地将产品信息传递给目标受众。在美国,许多行业都有相应的专业杂志,比如《宗教联合会》(*Religious Conference*)、《医学会议》(*Medical Meetings*)和《集会》(*Convene*)等。

3.机构类杂志

机构类杂志(organization magazine)分为以下三类:团体与协会杂志(society and association magazine)、公关杂志(public relations magazine)和顾客杂志(custom magazine),它们的共同特征是以内部成员和外部顾客为目标受众群。

(1)团体与协会杂志

这类杂志常常是为满足会员的利益以及保证会员参与社团活动而创办的,其中比较著名的有《国家地理》(*National Geographic*)。在这些团体与协会杂志中,发展得比较好的有《国家地理》,由于上面刊登了大量会员的商业信息,以至于许多人都将其看作商业杂志。《国家地理》为美国第四大杂志,发行量超过1000万份,是美国人最为推崇的杂志之一[①]。作为美国国家地理协会(the National Geographic Society)的会员刊物,其创办初衷是鼓励会员之间的交流,以促进协会更好地运作。杂志的版面和经营方式都由该协会组织和决定。从1998年11月开始,在美国80个城市的街头书报亭都可以看见《国家地理》。然而,并不是所有的读者都可以购买到该杂志,只有加入协会的会员才可以订阅《国家地理》。美国协会经理学会副总裁兼出版人伊莉萨・马特丽斯・梅耶斯说:“对许多会员来说,会刊就是协会,他们每月通过信箱联系一位有相同利益的会员。”她还补充说,协会杂志能够统一某个行业、专业或者利益集团,一本杂志能对协会产生显著的影响,而且能成为支持会员的强大力量。协会的杂志上也刊登广告,然而这些广告的总体目标是为了吸引读者,目的是为协会的会员服务,而不是赢利,杂志的所有收入都上交协会。

学术性杂志(scholarly journal)也属于团体与协会杂志。此类杂志主要是为学者和研究人员提供分享学术信息的平台。和其他类别的协会杂志不同,学术性

① 豆瓣读书2016年度读书榜单。

杂志很少刊登广告，其刊登的内容主要是经过专家或者学术委员会评定的学术文章。比较著名的学术性杂志有《美国银行家》(*ABA*)，发行量 25.8 万份。

(2)公关杂志

公关杂志也可叫合作交流杂志(corporate communication magazine)。很多大型机构都出版这种杂志，这些杂志承担着宣传其所属大型机构的重要作用。对内告诉雇员机构中的各种信息，如机构正在发生的事情、事态的进展、机构的转变和走向等；对外向公众宣传该机构，力图起到与公众沟通的桥梁作用，在与公众保持良好关系方面扮演着重要的角色。公关杂志一般包括医院和学校等非营利性组织办的杂志，也包括政府办的杂志。例如，《评论》(*Comment*)就是由 Principal 财团出版的一本公关杂志。该杂志帮助读者了解应对国际市场变化的策略，类似于员工培训，同时还为该行业的成员提供各种综合信息服务。在全球，该杂志拥有包括雇员、退休员工和会员在内的广大读者群。

(3)顾客杂志

顾客杂志也叫做赞助杂志(sponsored publication)。这类杂志有点像某类公关杂志，但顾客杂志有别于公关杂志的是，它们是被当成一种"福利"赠送给读者的。这类杂志上面往往没有广告，也很少刊登介绍公关活动的信息，仅呈现服务或者产品。比如，美国的《麦考氏》(*Mccall's*)曾经出版过一期《麦考氏·美丽》特刊，专做玫琳凯(Mary Kay Cosmestics)的顾问，并向其顾客分发。这本杂志没有明确地宣传玫琳凯公司的化妆品信息，但上面提供的一些美容讯息所推荐的用品以及头发护理、面部护理产品的优惠券，都指向玫琳凯公司的产品。

4.其他类型杂志

(1)文学类杂志

文学类杂志(literary magazine)包括诗歌、小说、散文和文学批评。在国外，有些文学类杂志甚至还评论其他杂志。比如，《北美评论》(*the North American Review*)就是很有代表性的文学评论类杂志；在中国，20 世纪 80 年代影响力很大的《当代》《收获》也是此类杂志。

(2)爱好者杂志

爱好者杂志(zine magazine)不同于团体与协会杂志，其读者并不属于哪个社团，但是他们有着共同的爱好。

(3)免费城市杂志

免费城市杂志(free urban magazine)往往是在较小的地域发行的杂志,免费向公众发放,并与当地报纸争夺广告客户。它们往往按照杂志的方式设计和编排内容,但印刷形式又像报纸且不装订,所以也有人称它们为报纸型杂志(magapaper)。

我国的杂志业虽然不及欧美的杂志业发达,但是大体的构架与上面介绍的欧美杂志相似。杂志刊登的内容与报纸有很大的不同,它不靠新闻报道、国内外要闻及其他综合消息吸引读者,而是以各种专门性的知识满足读者的不同需求,因而杂志的专业性较强。比如,自然科学杂志、电子技术杂志、文学艺术杂志、医学杂志等是构成国内杂志的主力军。从出版时间来讲,杂志最短的出版周期也得一周以上,国内杂志一般以月刊为多,半月、双月、季刊性杂志较少。

第二节　杂志媒体特点

一、杂志媒体的特点

杂志是在一段时间内固定发行的出版物,有很强的时间间隔性。每种杂志都有自己的特色,因而杂志还有很强的主题性。此外,杂志还有着较强的统一性,这种统一性不仅体现在杂志的内容上,还体现在杂志的栏目设置上。每种杂志在结构上大体是相同的,所以,杂志还有一定的结构性。杂志的这些特点和杂志广告的特点是相呼应的,杂志广告信息量大且具有极强的观赏性和艺术性。这就是现在高档杂志所采用的纸张质量远远高于报纸的原因,目的就是要让杂志的内容和广告更吸引受众的注意力。同时,杂志和企业的密切合作还包括在杂志上提供赠券、打折和顾问式服务,所以杂志深受受众的欢迎。

在信息爆炸的时代,刊物的多样化和内容的不断丰富要求杂志必须富于创造性并保持自己的特点,这样才能在市场竞争中站住脚。新时代杂志的特点不仅包括杂志作为媒体的特点,还包括杂志本身的特点。这是新时代杂志的与众不同之处,也是让杂志走向成功或失败的原因所在。比如杂志的 logo、文案风格、页面设计、字体图片、纸张类型等都能体现新时代杂志的特点。因此,杂志的主办者必须充分了解杂志的特点,并在编辑杂志时充分展示出它的特点。例如美国的《纽约客》杂志，其特点是成熟、文学性出众。除了刊登高质量的文章外，《纽约客》还采用了以大量文字配少量图片的方式设计版面，并尽量减少在杂志中所用的颜色种类，排版时用旧式卡通画，这些特点使《纽约客》在字里行间显露出与众不同的气质。

除了确立独有的特色，杂志还应该注重维护与读者的关系，把与读者建立良好的关系放在第一位。任何欺骗读者的行为都会对杂志产生灾难性的后果。与广告客户相比，读者更应该是杂志的衣食父母。读者关系的维护往往体现在众多细节上，例如读者参与的评刊会、及时并无条件地更换读者购买到的质量有问题的刊物等。

杂志还应该让读者产生再次阅读的期待感。几乎所有成功的杂志都会让自己的读者产生阅读期待感，让读者急切地盼望下一期杂志早日上市。如今，杂志领域竞争激烈，读者获取信息的渠道更加广泛，这使得杂志内容的制作更加困难。但是，让读者产生阅读期待感仍然是杂志要想取得成功而必须遵守的一条原则。

杂志的阅读成本有高有低。所谓阅读成本，不仅仅指杂志的定价，更多的是指读者的阅读时间与获得的信息量、愉悦感受之间的比例。如果成正比，那么这就是一本优秀的杂志，这样的杂志阅读成本就低；如果阅读时间长而获得的信息量和愉悦感少，那么这种杂志就是失败的。现在市场上充斥着大量失败的杂志，读者花了不少时间阅读，却一无所获，使阅读成本大大提高。

二、杂志媒体的展望

鉴于西方的杂志市场比较成熟，本章主要对我国杂志媒体进行一番展望和预测。本章从市场的日益成熟和读者群的渐趋细分来研究杂志未来的发展方向和特点。

1.规模化

目前我国杂志出版单位的总体特点是布局分散、规模小、实力单薄。我国杂志业的规模化走向是，在不久的将来，我国可能会出现集团化的杂志组织，这一点已成为中国杂志界的共识。因此业界应采取的做法是：鼓励质量高、实力强的品牌杂志出版更多的子杂志，类似“多品牌战略”，一个杂志集团之下有多个著名品牌，每个品牌都采取比较独立的运作模式，这些子品牌之间形成相互竞争或互补的局面;杂志企业间采取整合兼并策略,从而形成杂志梯队和杂志群;将杂志、报纸、图书、音像出版单位聚合在一起,形成综合的媒体集团。目前这一做法正在逐步实现,但由于中国特定的体制环境,全部实现的过程可能比较缓慢。

2.品位化

随着整个社会生活水平的提高和文化层次的提升,读者对杂志质量的要求也在相应地提高,高档、有品位的杂志市场前景更被看好。高档杂志首先要有精彩的内容、丰富的思想内涵,并能体现出21世纪杂志特色的新创意、新理念。这类杂志的创办理念可以引导读者的生活方式和思想发生改变。其次要形态精美,主要体现在优秀的设计、精美的印刷和高质量的纸张上。这类杂志的读者群一般定位在受过高等教育的高收入人群,尽管其定价可能较高,但是市场前景依然被看好。此类杂志扮演的角色不再是茶余饭后的娱乐谈资,而是丰富读者精神世界的食粮,是读者懂得生活和学会放松的标志之一。目前中国杂志市场上已有大批全彩印刷的高档杂志出现。

3.专业化

就目前的市场情况来看,读者对一般化的综合类杂志兴趣低落,而越来越喜欢有性格、有特色、有趣味的专门性杂志。近几年新办的杂志几乎都热衷于针对某一特定读者群、某一特定专业人群或某一特殊趣味群体,大批老杂志增加了这样的新内容或者干脆改头换面成为这类杂志。在"品牌形象"至上的消费社会,如果杂志不能给自己找到一个准确的定位,想要面面俱到,成为一本"适合任何人阅读"的杂志,几乎是不可能的事情。如同消费市场的细分一样,杂志内容的细分和专门化定位势在必行。在这方面,欧美杂志市场已经非常成熟,甚至已经细分到了品牌特色定位的地步。比如,时尚类杂志的初级细分可以分为男性杂志和女性杂志;男性杂志又可以分为体育、玩具(如电子游戏、数码产品等男性偏向的兴趣爱好)等;女性杂志可以分为服装、美容等方面的讯息介绍等。目前的欧美杂志市场在这个基础上已经完成了进一步的细分,这也是国内杂志业今后的发展方向。以国外杂志品牌《男士健康》(*Men's Health*)为例,它最核心的内容是健康、健身和两性,以这三方面为主导,其他内容则放在了较次要的位置。提起它,人们就会想到健康的生活方式和美好的生活。同时,它将这种定位专业化,而不是转载其他刊物的内容。在健康部分,杂志有很多健康顾问在介绍食物时把关严格,他们有自己的测试厨房，做出来的每道菜都要经过测评，并对刊登出的内容负责；在健身部分，杂志有专业的健身房和健身教练定期开发新的健身课程，隔一段时间就可能开发出同一种健身项目的新的方式，让人觉得新鲜而不会陷入一种疲态。《男士健康》有足够的预算招募专业人士并留住他们。这些专业人士不用写稿，只专门搜集最新的资讯，教人们如何使用器械，减少健身的劳累，增强健身的效果。《男士健康》会真正照顾男人的需求，给男人真正的建议，不写要花腔的文章，并且尽量做到有根有据。有专家谈到这本杂志时曾经说："这也恰恰是它与众不同的地方，更是这本期刊的一种独特的生存方式。"

4.数字化

近几年，杂志的传统编辑、管理、经营运作手段已经数字化，杂志经营电子化已在大多数杂志出版单位实现。最简单的数字化便是将纸媒上的内容转移到利用数字化技术的光盘或网络上，成为利用多维空间、表现手段多样、信息装载量大、服务交互便利的"第四媒体杂志"。我国杂志除了在数字化时代来临之际积极进行"热身"外，还应在网络杂志的经济效益上进行新的探讨。

第三节 杂志媒体广告传播优劣势

近年来，整个中国广告业发展迅速，但杂志广告的发展却不甚理想，尤其是某些国有品牌杂志的广告业务的发展速度跟不上整个杂志行业的发展势头。举例来说，1999 年，杂志广告经营总额约为 8.9 亿元人民币，在各种媒体广告经营总额中只占 30.7%。同年，电视广告经营总额为 156 亿元人民币，在各种媒体广告经营总额中占 53.87%，报纸广告经营总额为 112 亿元人民币，在各种媒体广告经营总额中占 38.75%。[①] 由此可见，杂志广告在各种广告媒体中显然处于弱势。进入 21 世纪后，这一情形变得更加不容乐观。究其原因，主要是因为我国的杂志广告还存在创意不足、制作粗糙、服务及信誉差、经营不规范等问题。这些问题既削弱了杂志对广告客户的吸引力，同时也影响了杂志业自身的发展，导致杂志广告投放比例较低。其实，通过分析国外杂志媒体的运作情况，我们可以看到杂志在各种媒体中仍然具有其独特的优势。

① 49—99 看广告[J]. 广告世界，1999(6).

一、杂志媒体刊登广告的优势

2006年5月,美国杂志出版商协会(MPA)发布的《杂志手册》(2006—2007)对各种资料来源进行了综合分析,对美国消费类杂志做出了综合评价,给出的结论说明消费类杂志作为广告媒体具有重要性。《杂志手册》列举了在杂志上刊登广告的十大理由,阐述了杂志作为广告媒体的诸多优点,如引人关注、内容有价值、能够促进消费者的消费行为、更容易到达受众、传播效果好、可靠性高等。

1. 引人关注

在信息爆炸的时代,杂志广告反而不太容易受到干扰。读者在海量信息面前更趋于认同杂志上的广告。从表4-1可以看出,杂志信息可以被重复展现,而且读者阅读杂志的状态往往比看电视和听广播时更加投入和专注。虽然杂志的到达率不及电视和广播高,但其信息接受度很高。就倾向性而言,消费者比较看好杂志广告,电视广告和网络广告次之。由于过于泛滥和真实性较低,网络广告并不被消费者看好,消费者对其的积极态度只有杂志广告的一半(表4-2),而在消费者讨厌的广告中,网络广告的比例最高,杂志广告比例最低(表4-3)。

表 4-1 广告能增加接触者媒体的乐趣 单位:%

方式	阅读杂志	听广播	观看有线电视	观看电视网	上网
比例	47	33	34	33	22

资料来源:Roper Public Affairs,2014

表 4-2 对广告的积极态度 单位:%

媒体	杂志	电视	广播	网络
态度(积极)	59	51	45	34

资料来源:Dynamic Logic AdReaction,2014

表 4-3 对广告的消极态度 单位:%

媒体	网络	电视	广播	杂志
态度(消极)	29	21	19	9

资料来源:Dynamic Logic AdReaction,2014(本表中的报纸、户外等媒体数据未列入)

2. 内容更具价值

研究表明，与其他广告相比，消费者更认可杂志广告。星传媒体(Starcom)曾经做过一项调查，让消费者说出十个最喜欢的杂志的精华页面，其中有三个就是广告页。从中可以看出，在杂志上投放的广告已经和杂志内容页有着几乎等同的视觉接受地位，同样为消费者所认可。有些面向较高消费层次的杂志，其广告页非常精美。这些广告页除了传达广告讯息外，还有极佳的视觉美感。与其说是广告，不如说是广告摄影艺术、广告造型艺术和广告创意艺术的综合呈现。MRI 数据表明，消费者相信和重视杂志广告，消费者更趋向于认同杂志是出色的信息提供者。在五大广告媒体中，杂志的品牌信息黏度虽然弱于电视和报纸，但是明显强于广播和互联网(表 4-4)。

表 4-4　消费者的广告体验　　单位：%

积极因素	杂志	电视	广播	报纸	互联网
能提供新产品或服务的有用信息	49.8	55.7	39.3	51.4	25.5
能提供特价产品的有用信息	40.3	46.5	39.2	66.3	23.8
能提供其他消费者使用产品的信息	39.2	39.5	29.7	41.9	20.7

3. 可信度高

研究数据表明，印刷广告(报刊、杂志等纸质媒体)对读者的干扰度最小，被认为是最值得信赖的媒体。这或许与不同媒体的自身特性给人留下的印象不同有关，如报纸、杂志等较早出现的媒体，它们往往给人一种更可靠的感觉。消费者认为，较晚出现的媒体如电视、广播以及互联网等，其上面播出的广告不仅给人以信息泛滥的感觉，可信度差，而且广告出现的时间往往不恰当，重复率过高。赫斯特杂志吸引力因素研究(Hearst Magazines' Engagement Factor Study)的研究结果表明，绝大多数人认为杂志广告比电视或互联网广告更加贴近受众(60%的被调查者如此认为)。大量资料表明，很大一部分消费者希望杂志、报纸以外的媒体取消广告，而对历史悠久的报纸和杂志上刊登的广告的信任度相对较高，对互联网和电视广告则不看好，如表 4-5 所示。

研究还发现消费者避免接触网络上和电视上的广告的比例大大高于避免接触杂志上的广告的比例，如图 4-6 所示。

表 4-5　你支持哪个媒体取消广告 单位:%

媒体	有线电视	网站	电视网	广播	杂志	报纸
比例	40	38	34	23	16	10

资料来源:Yankelovich Omniplus 的调研结果

表 4-6　回避媒体上广告的可能性 单位:%

媒体	互联网	电视	杂志
比例	65	49	38

4. 能够促进受众将欲望转化成行动

与其他的广告投放媒体相比,杂志广告更能让受众付诸消费行动。根据 Affinity Research 公司的研究,有 51%的读者会在看完杂志广告后“有所行动”,或者对广告投放方产生良好印象,如表 4-7 所示。广告心理学研究证明,有 55%的读者会在看完杂志广告后有所触动。读者可能将杂志内容或者干脆把该杂志推荐给其他人,成为传播的“自媒体”。通过这种方式,读者更加注意杂志的内容,保留或者收集杂志,访问相关网站等,如表 4-8 所示。

表 4-7　接触具体的杂志广告后,读者采取或准备采取行动 单位:%

行动方式	比例
考虑购买广告产品或者服务	19
对广告商有更好的评价	12
收集更多关于广告产品或服务的信息	11
访问广告商官网	10
购买广告产品或服务	8
走访商店、经销商或其他相关场所	7
保留广告以备将来了解	6
向朋友、同事、家人推荐产品或者服务	5
采取以上任何行动	51

表 4-8 阅读具体的专栏或者文章以后采取的行动　　单位：%

行动方式	比例
将文章推荐给他人	24
保留文章以备将来了解	23
查询更多关于该主题的信息	13
访问相关网站	13
采取以上任何行动	55

5. 投资回报率高

研究表明，将广告投放在杂志上有助于提高大多数产品的销售效果，提高广告的投资回报率。100 多个案例的研究数据证明了杂志广告在提高投资回报率中的实力，如表 4-9 所示。杂志广告的投资回报率高于其他广告。也就是说，在发生消费行为之前，消费者倾向于通过杂志广告了解产品的详细信息，了解产品的官网，通过网站直接查询产品的相关信息。

表 4-9 投资回报率指数

类别／媒体	金融服务	OTC	个人保健
全部广告	100	100	100
杂志	240	571	145
电视	81	89	110
报纸	109	—	—
电台	94	—	—
户外媒体	57	—	52

6. 针对性强

杂志广告比投放在其他媒体上的广告更能准确地触达目标受众，这得益于杂志本身的精准定位。杂志的分类比广播和电视更加精细，这在一定程度上保证了其受众的专业度，许多杂志对不同的读者群体有不同的吸引力，广告商可以仔细分析杂志的受众，从而精准高效地投放广告。媒体分析家埃尔文·伊夫隆指出，与电视相比，杂志更能有效地集合广告品牌的目标产品用户。此外，有研究表明，消费者在阅读杂志的时候不大可能同时进行其他活动,因而杂志广告中的信息能够给消费者留下更为深刻的印象。

二、杂志媒体刊登广告的劣势

1. 时效性差

杂志媒体对要刊登的广告一般要求广告主在杂志发行前90天送交广告素材,如果广告主错过了交稿期,就可能会推迟一期刊登广告。一旦广告送交到杂志社,在杂志发行前90天内便不能进行任何改动,即使发生了重大事件或者传播环境发生了变化,广告稿也不能改动。这种不灵活性让很多广告主对投放杂志广告望而却步。如果决定投放杂志广告,企业就必须面对以下问题:当面临重大事件尤其是危机公关的时候,杂志不能充分起到积极的传播广告的作用,有时甚至会起反作用。当年SKⅡ出现品牌危机的时候,如果不能及时地撤下在媒体上的宣传报道,那么其广告词就会与最新的舆论形成鲜明的对比,留给消费者的将会是更加恶劣的印象。

2. 成本高

虽然杂志的单位接触成本不像有些媒体(尤其是直邮DM)那么高,但却比大多数报纸高,也比广播、电视高。尤其是在定位高档的杂志上投放一张插页广告,其绝对成本有时会高得让人难以承受。美国曾经有一份著名画报杂志,它的广告版面费用和电视广告费用一样高。在这样高昂的广告价位面前,很多广告主转而将注意力投向电视媒体。广告主更愿意用同样的价格去买电视广告时段,这无疑会导致杂志广告客户的流失。而且,由于杂志,尤其是一些专业性杂志的发行量十分有限,直接订户比较少,所以广告主很难把握读者的情况,这也提高了广告的千人成本。

3. 到达和频次局限

随着期刊市场品牌化、小众化趋势的出现,每种期刊的读者可能都只有一小部分人,广告主不愿意用较高的价格触达少量的受众。快速消费品尤其处于劣势地位。因为快速消费品的利润一般不会太高,加之市场消费量又大,如果只将广告投放在杂志媒体上，那么，广告主就很难决定将广告投放在哪种或者哪些期刊上。此外，杂志的发行周期很长，这也导致了其到达频次低于其他媒体。有些期刊可能一个月只能被一个读者翻阅一遍，而电视媒体则会一天播出数遍，这样的情况就对在杂志上投放的广告提出了更高的要求，制作要更加精良、优美才能抓住读者的眼球，才能给读者留下印象。而要做到这一点并不容易，这样的要求无疑会使杂志经营企业流失相当一部分广告客户。

4. 广告效果不易控制

电视和广播媒体可以用收视率和收听率作为广告效果的预测和评估依据。收视率和收听率可以每天监测，随时获取，以便及时掌握动向。网络广告则可以通过点击率了解广告效果。相比之下，杂志很难监测具体的广告效果，广告主很难了解到哪些受众、哪些人是通过杂志广告了解和购买商品和服务的，所以也很难对自己的广告策略及时做出调整。这也是很多广告主不选择杂志媒体投放广告的原因之一。

第四节 杂志媒体广告刊登费用

一、杂志广告效果分析

1. 杂志的封面和封底广告

由于封面和封底的广告位置醒目，所以效果也最好。封面广告应该全部以精美的画面吸引受众，画面信息应与杂志的专业性有一定的内在联系，并具有审美价值，让受众在情感愉悦中接收信息。因此，封面比较适合投放图片性广告，尤其是精美的摄影图片广告。封底与封面同样重要，也应以图片为主、文案为辅。文案语言不仅要考虑杂志的特定读者，还要考虑杂志受众以外会无意识注意到该杂志的其他受众。所以封底广告应淡化专业性，力求大众化。封面和封底广告比较适合经济实力较强、需要提升品牌和行业影响力的企业。

2. 封二、目录对页和封三杂志广告

受众对这些位置的注意值仅次于对封面和封底的注意值，所以封二、目录对页和封三也是重要的版面位置。处于这些位置的广告应该多以图文并茂的形式表现。由于广告是内页的起始和结束部分,因此也能获得极高的关注度,比较适合发布企业力推的某款产品和某项技术,要求用冲击力强的形象与色彩来提高受众的注意力。

3. 内页各制式广告

内页各制式广告包括全页、半页、1/4 页、跨页、折页、多页专辑等。这些广告可以享有杂志媒体所特有的制作精美、重复阅读率高等特点。由于内页各制式广告和杂志的文章内容结合在一起,并且结合得比较紧密,因此具有提示准确、认同率高等特点。此类位置比较适合发布企业的最新产品和技术信息,比如新品介绍、渠道招商等。

4. 各种较小版面分类广告

这类广告主要以引人注目的标题取胜。这些小版面分类广告大多以品牌名称或企业形象标识及文案为主。小版面分类广告要想获得良好的宣传效果,必须保持长期性和版面固定性,以便让读者逐渐熟悉并接受这类广告,最终达到让读者在情感上认同这类广告的目的。经济实力不很强的企业适合选择这类广告。

5. 企业冠名专栏

企业冠名专栏是杂志充分利用专业资讯平台及品牌形象的优势而推出的特色专栏,以便更好地为相关企业服务。企业冠名专栏能够为每家企业提供独享的专用页面,根据特定的企业特别策划和包装宣传内容,类似于广告软文,让企业享受到专业化的媒体服务。

6. 软文打包服务

软文和杂志内容的界限不是非常清晰,读者常常认为软文是杂志的内容部分。除了具有不被"跳过"的优势之外,软文广告还能有效地将企业品牌、产品和技术潜移默化地渗透到读者和客户心中,最终形成立体的企业形象。软文打包服务的主要形式有"人物专访""行业观点"等专栏性栏目。"人物专访"一般是通过与企业领导者对话,在展示企业领导者魅力的同时,向受众展示企业的经营理念、特色技术和产品;"行业观点"主要展示企业对整个所属行业的理解,并给出看似公益性的观点,实则展示公司实力和形象,从而凸显企业作为市场领导者的风貌。

二、杂志广告费用

杂志广告刊例费的差别很大，不同种类和层次的杂志的广告刊例费相差极大，以下是三种不同杂志的刊例价。

《读者》杂志刊例价（2016 年）

版位	封二、同封二	前插一、二	中插	后插一、二	封三、同封三	封底
规格（mm）	186×260	186×260	186×260	186×260	186×260	186×248
收费（元）	250000	250000	230000	240000	240000	330000

《都市丽人》杂志刊例价（2016 年）

版面规格	尺寸（单位 cm）	彩色
1/2 版	13.9×21.5	70000 元
封底	27.8×21.5	170000 元
封三	27.8×21.5	135000 元
卷首语旁页	27.8×21.5	150000 元
目录旁页	27.8×21.5	140000 元
目录前内页	27.8×21.5	150000 元
内页	27.8×21.5	105000 元
内页左手页	27.8×21.5	90000 元
第二跨页	27.8×43.0	240000 元
第三跨页	27.8×43.0	230000 元
第四跨页	27.8×43.0	220000 元
封二跨页	27.8×43.0	250000 元
跨版	27.8×43.0	195000 元
竖 1/3 版	27.8×7.2	50000 元
1/3 版	9.2×21.5	50000 元

《瑞丽伊人风尚》杂志刊例费(2016 年)

版面	尺寸(单位 mm)	价格
	主刊广告	
封面折页	275×430	850000 元
时装第一跨页	275×430	520000 元
时装第二跨页	275×430	490000 元
时装第三跨页	275×430	460000 元
时装第四跨页	275×430	430000 元
化妆品第一跨页	275×430	520000 元
化妆品第二跨页	275×430	490000 元
化妆品第三跨页	275×430	460000 元
化妆品第四跨页	275×430	430000 元
目录前跨页	275×430	400000 元
目录旁页	275×215	210000 元
版权旁页	275×215	210000 元
《时装专辑》前内页	275×215	188000 元
《时装专辑》前跨页	275×430	338000 元
服装版内页	275×215	168000 元
服装版跨页	275×430	298000 元
美容版内页	275×215	148000 元
美容版跨页	275×430	258000 元
生活版内页	275×215	128000 元
生活版跨页	275×430	228000 元
封三	275×215	230000 元
封底	275×215	380000 元
1/2 版内页	130×215/275×100	110000 元
1/3 版内页	275×70	90000 元
版权旁 1/3 内页	275×70	100000 元
副刊广告		
封面折页	275×430	580000 元
第一跨页	275×430	380000 元
第二跨页	275×430	360000 元
第三跨页	275×430	340000 元
第四跨页	275×430	320000 元
目录前跨页	275×430	300000 元

续表

版面	尺寸(单位 mm)	价格
目录旁页	275×215	160000 元
版权旁页	275×215	160000 元
杂志前 1/2 部分内页	275×215	118000 元
杂志后 1/2 部分内页	275×215	108000 元
杂志前 1/2 部分跨页	275×430	218000 元
杂志后 1/2 部分跨页	275×430	198000 元
封三	275×215	160000 元
封底	275×215	250000 元
1/2 版内页	130×215/275×100	75000 元
1/3 版内页	275×70	65000 元

以上列举的杂志属于不同类型，有本土时尚类杂志，也有外来时尚类杂志。从对比中不难看出，国际刊物的广告形式更加多样化，分类更细化，发展较成熟。以丰富多样的广告形式(如副刊)为刊物带来更多收益的做法值得国内杂志借鉴。

附：杂志 2.0 时代的展望

从杂志的历史与现状不难看出，杂志已经从最早代表精英的纸质媒体发展为现在“3C 整合时代”下以大众为中心的互动媒体。在这一过程中，杂志的演进与其他新媒体(电影、广播、电视、互联网)带来的冲击是紧密联系的：广播的出现推动了图片杂志的诞生；电视的出现加速了一般大众杂志的衰落，推动了专门化杂志的出现与发展；而互联网则给杂志带来了新的变革。在新媒体的冲击下，杂志不断发展并保持着活力。

在信息爆炸的时代，作为定期出版的、有深度的、具有保存价值的印刷媒体，杂志在传统意义上的包装和表现形式上的变革空间都较小，即使是发展成熟的美国杂志，也已经接近杂志自身传播样式的高峰点，日后难免出现回落的趋势。在网络时代的背景下，杂志本身的样式正在发生革命性变化，各式各样的电子杂志纷纷涌现。另外，全球杂志行业的品牌化、集团化趋势正在进一步加强，杂志业正在进行一场范围更大的资源整合，如《时代》和美国在线(AOL)、美国有线电视网(CNN)的整合；《新闻周刊》与新闻性网站 MSNBC 的整合等。这种传统媒体与新兴电子媒体的整合充分标志着杂志 Web2.0 时代的到来。

互联网的出现对杂志具有重大影响,世界各国的期刊都毫不例外地受到互联网的冲击。互联网的互动性以及超文本链接、音频、视频相结合的性质给杂志带来了前所未有的影响。首先,在网络媒体"人际交互"式传播关系的冲击下,为了应对挑战,杂志必须一改以往"自上而下"的传播形态,转而营造一种交叉传播的气氛。最基本的表现是,许多杂志都开办了具有更强媒体互动性的电子版杂志。在 Web2.0 时代,刊物的内容由读者自己决定,读者的参与性更强,他们已从以往单一的信息接收者转变为参与者和发布者,他们的态度被及时反馈给杂志编辑,从而有助于杂志编辑对杂志内容迅速做出调整。

电子杂志的出现对期刊来说有着不同寻常的意义,作为新兴媒体,电子期刊有其独特的优势和不足。

电子期刊的优势有以下四点:(1)传播方式便捷。总的来说,目前电子期刊的发送方式有三种,分别是在线浏览、EXE 格式文件下载、通过阅读器浏览。(2)发行门槛低,技术难度小。(3)受众群体广泛。与便捷的传播方式相对应的是便捷的浏览方式。通过互联网和电脑,每一个人都可以成为电子杂志的读者。(4)信息浓缩,专业性和针对性更强。网络的便利性使电子期刊比传统期刊更容易在相同爱好者之间传阅。

当然,电子期刊的缺陷也较为明显:(1)可用性差。为了阅读一本电子杂志,读者需要下载两三个容量不小的文件,这些文件会占用过多的计算机内存,所以许多人不愿下载此类文件。(2)电子杂志互动功能弱。许多电子杂志的制作方式类似于网页,导致电子杂志中的链接部分过多,这些链接指向电子杂志外的 Web 页面或 BBS 区域。(3)成本高。对于一些小成本经营的电子杂志来说,内容编辑的人力成本相对比较高。在这方面投入太多会带来较高的风险,这种特点也导致了电子杂志内容的良莠不齐。

随着杂志的 Web2.0 模式的诞生和渐趋成熟,相应的广告投放问题也随之而来。杂志人下一步要思考的问题是如何最大限度地利用互联网电子版杂志,同时又不与传统形式的杂志争夺读者和广告。

本章复习思考题

1.杂志媒体的自身优势有哪些?

2.国内杂志媒体的发展趋势是什么?

3.你如何评价杂志媒体的广告费用?

4.你如何看待杂志的 Web2.0 模式?

第五章 户外媒体

本章重点：户外媒体的种类与户外媒体的广告传播特点。

本章难点：户外媒体为什么会制约媒体的发展以及如何改变这一现象。

第一节 概述

一、户外广告媒体的分类

户外广告媒体可分为平面广告媒体和立体广告媒体两大类。平面广告媒体有路牌、招贴、墙壁、海报、条幅等；立体广告媒体有霓虹灯、广告柱、广告塔、灯箱等。在户外广告媒体中，路牌和招贴是最为重要的两种形式。本节重点介绍几种常见的户外广告媒体：

1.路牌

路牌是最常见的一种户外广告，最初利用墙壁做广告，后来随着现代城市的发展有了新的变化，画面设计更新颖，媒介形态物越来越固定。现在的路牌大多设在人口流量较大的地段，如交通要道口、屋顶、铁路沿线和风景区等地方。

2.广告牌

广告牌不仅能为企业的产品做宣传，而且还是城市中一道亮丽的风景线。广告牌主要设置在各种建筑物的墙壁上或其顶部，如张贴、悬挂在写字楼、高级公寓、影院、商场、购物中心等建筑物上面。这种广告牌体积较大，产品形象醒目，给人的视觉冲击力较强,因而宣传效果很好,很受企业主的青睐。

3.招牌

招牌主要充当店铺的标志,多用于店铺名称,一般是在招牌上题写文字。招牌一般为长方形,其变化主要体现在字的数目、大小及悬挂方式上。

4.电子显示屏

电子显示屏主要是通过屏幕内部装设的电子管的不停变幻来显示各种信息,因其形式醒目、变幻多样,给人的视觉冲击力强,因而传递讯息的作用非常明显。电子显示屏是企业经常选择的一种户外广告媒体。信息时代的到来、计算机多媒体技术的迅猛发展和大屏幕投影技术的成熟等,为电子显示屏的发展开辟了一条广阔的路,其应用范围进一步拓展,信息传播的方式更加多样化。

5.交通工具媒体

随着交通事业的发展变化,电车、汽车、轮船、火车等的车身已成为户外广告的重要传播载体,车载电视、车身、车座、扶栏、车票等也早已成为户外广告的载体。交通工具媒体的受众接触面大,人们在接触这样的广告媒体时心情较为轻松,信息的记忆度较高,因而其宣传效果也很被看好。

6.霓虹灯

霓虹灯广告出现在20世纪20年代,这一媒体可以安装在铁壳或木板上,或装在铁框、玻璃框上,悬挂在室内或室外。1910年夏末,在巴黎举办的一次国际汽车展览会上,刚刚发明出来的霓虹灯广告首次露面,参观者立刻对霓虹灯广告产生了极大的兴趣。1911年,位于巴黎蒙马特林荫大道上的一家时装店屋顶也安装了一个霓虹灯广告牌,这个招牌是用弯曲成字母形的荧光灯管制作而成的。此后,霓虹灯广告开始风行世界各地。

7.大立柱

大立柱广告牌置于特设的支撑柱上,以T型或P型立柱为多,广告装置设立于高速公路、主要交通干道等地方,面向密集的车流和人流。大立柱广告牌的尺寸通常为6米高×1.8米宽,主要以射灯当照明装备。

受发布空间和地点的限制，户外广告可传递的信息量十分有限，很难引起受众的主动关心，以至于我们看到的大多数户外广告在形式上千篇一律、内容枯燥单一。表面上看，这是在强化品牌形象、追求视觉效果的统一，但却忽视了户外广告的环境因素，而这恰恰是户外广告区别于其他媒体广告的根本所在。在不同的环境中，人们的心境迥然不同，对广告的关注程度也有巨大的差别。户外广告的环境不利于引起受众的注意，因此在广告的诉求上应该有的放矢、有简有繁。有的只能用大字标语强化品牌，有的则可以用图文并茂的形式介绍产品，有的也可以详细诉求以加深理解。这就需要广告人深刻地理解广告产品的特性，揣摩受众的接受心态和户外广告媒体的自身属性。

二、我国户外媒体发展历程

1.古代户外媒体

我国户外广告媒体最早可以追溯到远古时期的阴山岩画。阴山岩画是远古人类使用的一种原始户外广告媒体形式，起着象征与指示的作用。据《列子·黄帝篇》记载，在涿鹿之战时，黄帝将战旗上面的兽、禽的图案设为上古部族的图腾标志，这是历史上已知的最早的对部族图腾和旗帜广告的记载。随着社会生产力的发展，农业、手工业、畜牧业开始出现社会分工，商业也开始发展起来，广告的商业性越来越浓，户外媒体的形式也越来越丰富。清代时，户外广告媒体的发展达到鼎盛时期，形式多种多样，包括金榜广告、碑刻和牌楼广告、仪仗广告、匾额广告、楹联广告、招牌广告、招幌广告、墙体广告等。虽然我国广告的发展历史悠久，但自给自足的自然经济形态束缚了广告的发展。随着资本主义萌芽的出现和近代社会的到来，我国的户外广告媒体才开始从形式到内容都有了根本性的变化。

2.近现代户外媒体

1840 年，鸦片战争爆发，我国自给自足的自然经济格局被打破，西方资本主义经济涌入中国，中国社会进一步殖民地化。随着商品经济规模的扩大，民族工商业和洋商展开了激烈的竞争，中国户外广告媒体形态也随之发生了变化，其形式变得更为多元，除传统户外广告媒体形式外，几种现代广告的媒体形式也相继出现。随着现代建筑的出现与发展和商业购物环境的改善，大型橱窗广告开始出现。这一广告形式将艺术手法与现代科学技术手段进行了完美组合。此后,在上海有了霓虹灯广告、灯箱广告、车身广告等从西方引进的户外广告媒体。①

3.新时期户外媒体的发展

1979 年,我国的广告业开始恢复,历经几年的探索和发展后,我国的广告业取得了一定的成绩。正是在这个大背景下,户外广告开始全面恢复。1979 年春,北京西单出现了广告墙。这一时期在广告主的媒体选择上,户外广告与报纸广告都被列为主要的广告媒体形式。当时的著名品牌,如雷达表、西铁城手表、精工表、松下电器、雀巢咖啡、白猫洗衣粉、鹅牌衬衫、金星电视等在发布电视广告的同时也都将视线放在了户外广告媒体上。这一时期的户外广告以路牌为主,虽然整体水平不高,但路牌对树立广告意识以及为广告正名起到了重要作用。这一时期比较突出的现象是外商投放户外广告的较多。据统计,从 1978 年到 1988 年,外商的商品中共有 35 种品牌在广州推出过户外广告,其中以日本商品居多。

1987 年,陈志宏在《试论代理制的优越性》一文中,率先提出应推行广告代理制。同年 8 月,中国广告协会年度学术讨论会便集中讨论了广告代理制的问题。但即使在这样的大背景下,1987 年至 1992 年的五年间,中国的户外广告也并没有太大的发展。广告营业额的增长以及对广告理论和实践的各种探索主要体现在报纸广告和电视广告的发展上。1991 年的《中国广告年鉴》在提及户外广告时,仅指出"户外广告与其他媒体相比,显得较分散,营业额也不高,但在广告业的整体发展中,仍是不可或缺的,是任何其他媒体不能代替的"。

多方面的原因导致了户外广告媒体较之其他大众传媒广告的发展相对滞后的局面。首要原因是,处于起步阶段的中国广告关注的媒体必然集中于传统的大众媒体——报纸和杂志。特别需要指出的是,当时的人们对刚刚走进家门的电视兴趣正浓,随着电视的普及,电视广告开始高速发展,户外广告在电视广告面前自然失色许多。这一时期比较精彩的广告也都是电视广告,如南方黑芝麻糊、威力洗衣机、孔府家酒等。户外广告只是以辅助性媒体的形式出现,对这些品牌的树立发挥潜移默化的作用。1992 年,国家允许个体和私营广告经营户参与广告经营。此前,个体经营广告的范围被严格限制在设计和制作这两个业务范畴内。政策放开后,广告经营单位的数量陡然上升,仅 1993 年至 1994 年之间,广告经营单

---

① 赵琛.中国广告史[M].北京:高等教育出版社,2005:168.

位就增加了 1 万多户。

有学者曾经指出，这一时期随着全国广告业的发展，户外广告在发展过程中也出现了一些颇具争议但也堪称亮点的事件。1993 年，长江大桥推出大型立体广告；“重庆人民解放碑”的七个角也挂起了广告，全国舆论为之哗然。1994 年，天安门广场首次出现商业广告，更是引起了沸沸扬扬的争议。1995 年，三九药业的广告牌走出国门，亮相于纽约曼哈顿广场，这是中国广告首次出现在国外的户外媒体上。1997 年，柯达公司的霓虹灯广告出现在北京长安街邮政枢纽大楼，成为当时国内最大的户外广告牌。

虽然户外广告的发展速度很快，但其他媒体同样也在高速发展着，若从广告营业额看，户外广告的营业额占全国广告营业总额的比重反而呈现出下降趋势。1992 年以前，户外广告的营业额基本能占全国广告营业总额的 20%左右，但 1992 年至 1998 年间，这一比重下降到 10%左右。同时，对户外广告的管理、创作、研究和重视程度也都远远不够，存在许多需要迫切解决的问题。

1999 年以后，中国广告业进入了一个相对稳定且发展迅速的时期，国家加大了对广告的监管力度。广告管理的重点之一就是治理违法率较高和监控难度较大的广告媒体和商品广告。其中，最大的举动就是 1999 年 6 月 30 日北京市以庆祝中华人民共和国成立 50 周年为契机，清理整顿长安街的户外广告，拆除了包括设置在长安街邮政枢纽大楼层顶、总面积 1950 多平方米、被称为“亚洲巨无霸”的柯达霓虹灯广告在内的共 311 块商业广告牌、公益广告牌和阅报栏。这一举措成为全国性整治户外广告的信号，此后，全国各地纷纷开始了对户外广告的整治，户外广告也由此变得更加规范。

2001 年以后，TOM、媒体伯乐、白马广告公司等传媒公司的成功上市，以及大规模收购户外媒体资源的行动，标志着我国户外广告业进入了一个规模化发展的新阶段。

TOM 的户外媒体业务以该公司收购的上海美亚文化传播有限公司和昆明风驰明星信息产业有限公司为旗舰，以户外媒体及广告传播为主打品牌。2001 年，TOM 花费近 3 亿元人民币与北京炎黄时代广告公司、河南天明广告有限公司、山东齐鲁国际广告公司和青岛春雨广告公司分别签订谅解备忘录，收购它们的大部分股权；与广州腾龙（中国）集团有限公司签订认购协议，收购其户外业务的 65%的股权。2002 年 3 月 1 日，TOM 收购辽宁鑫星盛世广告有限公司户外广告业务的 60%的权益（鑫星是辽宁省大连市大型户外媒体公司）；同年 3 月 27 日，

TOM在中国香港宣布与内地的四家广告公司(沈阳沙诺金厢广告有限公司、四川西南国际广告公司、厦门博美广告有限公司和福建新奥户外广告有限公司)签订谅解备忘录,收购这些公司的控股性权益。此次收购行为涉及资金约1.6亿元人民币。上述收购完成后,TOM的户外媒体业务从上海、云南扩展到了北京、广东、山东、四川和河南,至此,TOM在内地已拥有12家区域性户外广告公司的户外广告资源,拥有户外广告媒体总面积超过19万平方米,业务覆盖25个城市。①

媒体伯乐是中国香港梅迪派勒广告有限公司的子公司。1995年,该公司在上海设立总部,开展内地业务。2013年在内地已成立了5家联营公司和4个办事处,拥有1.2万辆巴士的车身广告经营权和广州地铁、上海地铁1号线的车身广告经营权。

白马户外广告公司是广州著名的白马广告公司的下属公司。该公司21世纪初开始在全国的大中城市发展户外广告业务,先后出资收购了全国各主要城市的大部分公共汽车的候车亭,以此为基础开展自己的业务。据统计,在全国42个城市中的近3万个候车亭中,白马广告公司拥有1.2万个候车亭的经营权,市场占有率达40%。

中国广告协会的统计数据表明,2012年全国户外广告经营额已达276亿元人民币,占整体媒体投放经营总额的19%左右;2012年户外电子屏广告市场经营额达到161.7亿元人民币。2012年的整体户外投放量较2011年有10%—15%的增长,超过整个中国广告支出的平均增长率。

综观户外广告在我国走过的历程和当今的发展态势,可以说这一既古老又年轻的媒体依然生机勃勃、令人充满信心。

第二节 户外媒体特点

一、户外媒体的特点

户外广告媒体是一种以流动受众为传递目标的广告媒体,也是历史最悠久的一种广告媒体。早期的户外广告招牌多置于道路两侧,向行人、乘客和司机展示

① 数据来源:www.cntvone.com/bbs/read.php? tid=1675 17K 2007-6-27。

招牌内容。今天，得益于城市建设的飞速发展以及高科技手段的广泛运用，户外广告的形式发生了巨大变化。除了古老的路牌媒体外，灯箱、气球、霓虹灯、飞艇、车厢、招贴等户外媒体竞相出现，不但增加了多样化的产品信息传播载体，同时也给其所在城市增添了一道亮丽的风景线。

近年来，灵活多样、形式新颖的户外广告媒体成为继电视、报纸之后的又一重要媒体。许多企业在推广产品时都把户外广告作为首选发布媒体之一。具体来看，户外媒体主要有以下特点：

1. 位置优越，诉求醒目

户外广告一般都选择投放在市区繁华之处，优越的地理位置使户外广告很容易引起受众的注意。同时，户外广告还能充分利用人们在行走、等车、乘车时常处于思绪放松的特点来提高受众的有意注意率，使受众能在极短的时间内理解并记牢广告诉求的内容。

2. 广告费用低

由于户外广告的单位制作面积有限，制作手段相对简单，所以其制作费用较低；此外，安置场所的租用费用也比较低廉，所以一般企业都乐意选用户外广告媒体宣传自己的产品。

3. 开发余地大

从各类媒体的发展现状来看，开发余地最大的当属户外广告媒体。如何充分利用当代尖端科学技术为企业做好户外广告，是当前广告媒体研究中一个很有意义的课题。

4. 限制较多

目前国内各大中小城市对户外广告的设置与管理规定较多。户外广告不仅要接受工商部门的监督管理，同时还要接受城市市容监察机关的监督。此外，户外广告还经常遇到广告设置地段或建筑物归属权与使用权、占用权之间的纠纷问题。这些问题在一定程度上限制了户外广告的发展。

好的户外广告应该与其周围环境相协调，其面积、色彩、造型等因素应在与周围景物的和谐搭配中产生美感和魅力，改变人们对户外广告的态度，使之从视觉上被动接收变成主动印记。此外,在户外广告的制作中应使用环保材料,采用温馨的色调,配以醒目的图形,这样就会给受众留下一个美好的视觉印象。

二、户外广告发展趋势

1.户外广告现状

目前,国内户外广告具有四大特点:第一,外资逐步渗透。随着中国广告市场的全面开放,外资渗透的越加趋势明显。第二,产业集中度相对提高。随着资本的并购,广告媒体资源开始向大型户外媒体厂商靠拢。第三,广告资源成本增加。资本的并购使户外广告媒体经营者面对广告主时提高了议价能力,广告资源的成本也随之增加。第四,户外广告媒体不断发展。广告新兴媒体的出现和科学技术的进步,使户外广告媒体更加快速地发展,外来资本的渗透更加速了国内户外媒体资源的整合,从而进一步改善了资源分散、浪费等问题。大型户外媒体公司凭着雄厚的资金实力,在某一地区形成了对户外广告资源的垄断,从而大大提高了户外广告的利润和收益。城市规划也逐渐转向从长远角度来考虑城市的户外广告资源,这有助于户外广告资源逐步实现规范化管理。

户外广告不受受众年龄、消费习惯、文化素养、收入状况等因素的困扰,在内容支撑方面,户外广告能以强迫式的视觉冲击收到预期的传播效果。在新兴户外媒体出现后,户外媒体呈现出更加生机勃勃的发展趋势。

2.户外广告发展趋势

第一,户外广告位置实行拍卖制。2004 年 8 月底,广州市政府出台了《广州市户外广告整治和户外商业广告位置使用权拍卖工作方案》,最终将所有户外商业广告位置的使用权纳入政府统一组织的公开拍卖中。其他城市,如南京、沈阳、成都等,也陆续出台了相关措施。政府对户外广告市场的介入,一方面对市容的整顿有积极的影响;另一方面,也提高了在户外广告投入方面的成本。户外广告的最大优势就在于其较低的千人成本,而拍卖必然会增加成本投入,从而抵消户外广告的价格优势。另外,成都市广告交易中心设立了户外广告网络交易平台进行户外广告发布权的交易,此举是一个值得推广的发展模式。成都市广告交易中心成立于 2012 年,其具体业务是建立网络交易平台,先通过网络实现成都机场高速公路户外广告发布权的招标与竞标，进而推广到地铁广告等户外广告领域，让广告经营与广告交易业务全部实行网络化运作。这种运营模式与传统方式的最大不同是交易双方并不见面，招标与竞标等程序都通过网络来完成。这就最大限度地避免了人为因素的干扰，使广告业务的承接与运作实现了最大程度的公平、透明和公正。运行两年来，成都市广告交易中心的业务量不断上升，客户反响非常强烈，其影响力逐渐扩大。

第二，户外广告的管理权限改革。国内对户外广告的管理涉及多个政府部门，包括城市规划部门、工商行政管理部门、城管部门、安全监督部门、环卫部门、建设部门等。各个部门的执法缺乏统一标准，各个城市也没有一个统一的综合协调机构对户外广告进行综合治理。因而现有的管理模式既会导致管理上的混乱，又会使相关政策缺乏确定性和一致性。从而打击户外广告从业者的积极性，不利于户外广告的长远发展。针对这一情况，可以借鉴上海市人民政府的做法。上海市政府规定，市环卫部门为户外广告的主管部门，户外广告的运营和拍卖统一交由环卫部门进行管理。这样一来，就避免了户外广告受多头管辖的混乱局面，有利于户外广告管理职责的统一和明确，执法部门也拥有了一个权威统一的执法标准。这必然有利于户外广告的发展。

第三节 户外媒体广告传播优劣势

一、户外媒体广告传播的优势

1.信息到达率高

实力传播 2016 年的调查数据显示，2016 年，户外媒体广告的到达率仅次于网络、电视媒体广告的到达率，位居第三。不管是在单立柱、霓虹灯、墙体等类型的单一媒体上，还是在候车亭、车身、地铁、机场和火车站等交通类户外媒体上发布广告，广告都能接触到其他媒体无法触达到的受众。由于受众对户外媒体的关注度逐渐增加，很多广告主越来越倾向使用户外媒体投放广告，而户外媒体的关注度和受众对外户外媒体的触媒习惯呈逐年增加的趋势。特别是房地产、邮电通讯、金融、服务和家电行业的广告投放费用逐年增加。受众进一步被分流，信息逐渐被细化。图 5-1 显示的是 2006 年各类媒体一周内的到达率。①

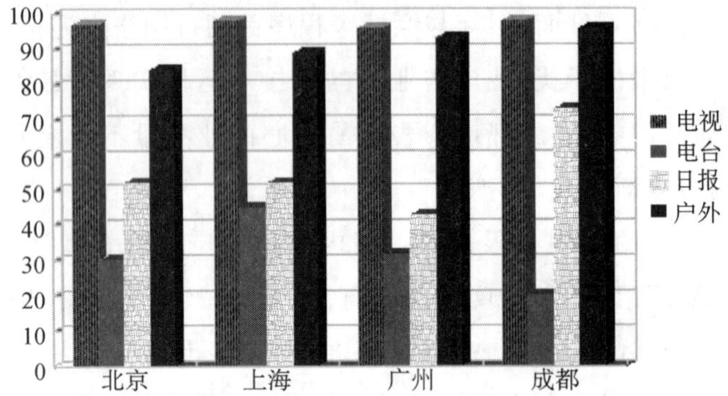

图 5-1 四大主流媒体广告讯息受众到达率

2.视觉冲击力强

历经千年的实践发展,在公共场所树立巨型广告牌这一古老方式在传递信息和扩大影响力方面有着良好的视觉传播效应,不少户外广告牌成了一座城市的标志,人们常常会对街道楼宇视而不见,但是却对街道两旁林立的巨型广告牌印象深刻。户外媒体可以使用多种表达方式,用丰富的感官刺激来吸引受众的有意注意力。

3.传达信息的不间断性、持久性

相比其他广告,户外广告在“时间”上拥有绝对的优势。户外广告能持续、稳定地发布,不像电视广告、广播广告那样一闪即逝。户外媒体传递讯息的不间断性是其区别于其他媒体的一个显著特点。许多户外媒体都处于持久、全天候地发布讯息的状态,它们非常敬业,每天 24 小时、每周 7 天都竖立在那里,一秒钟也不休息。这一点令其更容易为受众喜爱。它们将广告讯息长时间地暴露于受众面前而不消失。著名广告人大卫·勃恩斯坦说过:“只要有人从广告所设置处经过,户外广告便如一位忠实的服务者一样,时刻担任着为你传播广告讯息的任务。你不必担心它会偷懒,它也从不会感到厌倦。”

正是因为这样,一些精明的广告主才将广告预算中的绝大部分用于户外媒体

① 2007—2008 年中国传媒产业分析及投资咨询报告,中国投资咨询网 www.ocn.com.cn。

广告。如在云南红河集团2003年度的广告支出中,户外广告支出占了75.6%,仅2003年一年,云南红河集团的品牌价值就提升了30亿,跻身全国第六大卷烟厂之列。有的广告设计者通过设计制作出一些极具创意的户外广告,使广告及广告产品能与广告受众零距离地接触,达到与目标消费者沟通并直接有效地促成其付诸购买行为的目的。比如香草味可口可乐做的户外广告就是一个例子。在某城市,一个巨型的可乐易拉罐状广告物立在街头,罐顶伸出一根长长的吸管,吸管一直通向站立在七楼的两人嘴里,这两人正美滋滋地喝着可口可乐。这一新颖独特的视觉形象对观者产生了极大的吸引力,而这个巨型易拉罐就是一个可口可乐的自动销售柜。这样一来,在巨大的广告冲击力和诱惑下,观者产生的购买欲望自然会变得非常强烈。

4.价格低廉,成本效益高

当中央电视台和各大卫视黄金时段的广告价格年年升高,各大报纸、杂志的广告版面价格高涨不下时,户外广告的制作成本和媒体费用却低廉得多。这主要是因为户外媒体自身成本很低,再加上户外媒体所具有的其他特点,因而户外媒体的成本效益比四大主流媒体高出许多。

再一个特点则是,与其他主流媒体相比,户外媒体的千人成本最低(见表5-1)。

表5-1 五大主流媒体广告千人成本

媒体形式	人数	千人成本
电视	1000	$20.54
报纸	1000	$11.66
杂志	1000	$9.62
电台	1000	$5.96
户外媒体	1000	$2.00

数据来源:www.cn689.com/wz/cngpgg/ 22K 2007—5—15

如北京王府井大街364平方米的巨幅广告,年租金仅260万元/年;又如香港公共汽车单面车厢广告,月成本仅3000港币。20世纪90年代末,美国媒体的平均千人成本分别是:射灯广告牌2美元、电台广告5美元、杂志广告9美元、黄金时间电视广告10—20美元。毫无疑问,户外广告的千人成本与其他媒体相比具有绝对的优势。据调查,户外广告的平均千人成本仅相当于电视、报纸等其他媒体的十分之一至三十分之一。在市场竞争日趋激烈的现实面前,绝对的成本优势是户外广告备受广告主青睐的主要原因。

二、户外媒体广告传播的劣势

1. 覆盖面小

由于大多数户外广告的位置是固定的,覆盖面不大,所以设置户外广告时应特别注意地点的选择。比如广告牌一般应设立在人口密度大、流动性强的地方,如机场、火车站、闹市区等。

2. 效果难以测评

户外广告的目标人群是在户外活动的人,这些人具有流动性,因此目标人群对户外广告的接受率很难估测。由于人们通常是在走动的过程中接触到户外广告的讯息,因而对讯息关注的时间非常短暂,甚至只有几分之一秒,这往往会使户外广告不易于给受众留下较深的印象。

3. 管辖机构多,对户外广告的发展有一定的影响

正如前面所说,户外广告的管辖机构多是一直困扰其发展的一个瓶颈。按理说,2006 年 5 月 22 日国家工商行政管理总局下发的关于《户外广告登记管理规定》第四条已有专门规定:“户外广告由发布地县级以上工商行政管理机关登记管理。国家工商行政管理总局负责指导和协调全国户外广告的登记管理工作。省、自治区、直辖市工商行政管理机关负责指导和协调辖区内户外广告的登记管理工作。县级工商行政管理机关负责辖区内户外广告的登记管理工作。地级以上市(含直辖市)工商行政管理机关对辖区内的户外广告,认为有必要直接登记管理的,可以直接登记管理。”该文件虽然明确了户外广告的管辖权属是各级工商行政管理局,但是在实际执行中,户外广告所在城市的一些机关为了自身利益或者出于其他目的,有意介入对户外广告的管辖,比如市容监察局、安全监察局、公安局等就介入了对户外广告的管辖。这就使户外广告在设置时会遇到层层的人为障碍,户外广告的发布者或者广告主就会在对多头管辖的担忧中无法放开手经营,户外广告业务自然会受到一定的影响。

三、户外媒体广告的生存对策

1.创新

近年来，高新科学技术快速向前发展，丰富了户外广告的表现手法。比如矗立在伦敦街头的健力士啤酒广告，其利用昼夜交替的时间差效果，使广告牌上的啤酒杯由空杯变成满杯，极具诱惑力，给人以强烈的视觉冲击力。而我国的户外广告在表现手法上常常显得呆板单调、形象过于整齐划一，不能引起受众的审美感受，这样的户外广告自然不会有令人满意的广告宣传效果。

此外，这里所说的创新是广告内容和艺术手法的创新。目前，许多广告人在考虑户外广告的创意与设计时，认为户外广告受发布空间和地点的限制，传达的信息量有限，很难引起受众的注意，于是将简单明了作为创作基点，只讲究视觉效果的集中。所以国内大多数户外广告在形式上千篇一律、内容枯燥乏味。表面上看，这似乎是在强化品牌形象，追求视觉效果的统一，但实际上却很难引起受众的有意记忆，品牌形象也就难以留存在受众的脑海中。

我们在讲创新时，更要重视图形、色彩和广告文字的创新，应当充分发挥这三要素在广告设计中的功能。首先应采用同构、置换等图形设计方法制造有意识的错觉，产生幽默、调侃的广告效果。同时，应合理安排色彩的搭配，主要应注意：(1)运用好色调。不同的色调能带给人不同的联想，进而让受众对产品产生一种喜爱的心理。(2)搭配好邻近色和同类色。有机地搭配相近色或同类色会给人的视觉带来和谐而有变化的效果，从而加深受众对产品品牌的印象。(3)有意识地发挥汉字所独具的表意功能。独特的广告语及新颖的文字造型能够深深地打动观众，因而需要充分发挥出汉字所独具的表意功能，将广告中的汉字设计得极具视觉冲击力，进而达到一种强烈的能引起受众注意的效果，使宣传的产品深深地留存在受众的脑海中。

2. 讲究投放技巧

企业投放户外广告的目的大体上分品牌建设与短期促销两类，因而在规划时首先必须明确具体目标：如果是为了企业的长期营销战略而投放户外广告，往往至少需要一年的广告投放时间才能达到其战略宣传的目的；如果只是为了短期的促销活动投放户外广告,则只需要一个月左右的投放期。此外还需注意广告环境的选择:在城市的某一地段过于密集地投放户外广告,必然会使受众在视觉与记忆上形成一个“广告盲区”;而如果同类产品广告,特别是构成竞争关系的产品广告相对密集,则会大大降低广告的效果。因此,考察、选择合适的广告投放环境与地点直接影响着户外广告宣传的效果。

第四节 户外媒体广告刊登费用

1990 年至 1999 年,中国户外广告年均增长率达 27.3%。2000 年,中国户外广告投放额为 110 亿元人民币。1998 年,户外广告占广告投放总量的份额为 12%—13%;1999 年这一占比为 15%;2000 年则达到 22%。实际上,在我国,在品牌知名度建设的有效手段排名中,户外广告已跃居为仅次于电视广告的第二大媒体广告。2012 年,中国户外广告总额达到 276 亿元人民币,占全国广告总额的 16%。从这一数字可以看出,中国户外广告的发展速度越来越快,其在全部广告营业额中所占的比例也越来越大。

直到现在,国内户外媒体的广告发布仍没有统一的收费标准,而是仅依据各个城市的整体建设情况及地段的客流、知名度等制定具体价格,并依据广告主的合作意向确定刊登的时限和规格。总体来看,各地价格差异很大,以路牌广告和电子大屏幕广告为例,便可知全国各地户外广告的价位不同(见表 5-2)。

表 5-2 各地户外广告价格

媒体形式	位置	规格	价格	期限
路牌	北京北四环 科会荟路 北辰东/西路	m^2/天	460 元/平方米/天	一年
路牌	北京市地铁 5 号线桥柱广告	m^2/月	100 元/平方米/月	一个月
路牌	上海市 A30 高速户外广告牌奉贤区段	1.5m×2m(固定尺寸)	30 万元/年 含设计维修费,制作费另议	长期
路牌	上海市中山西路宜山路	1m×1.5m(固定尺寸)	180 万元/年 含设计维修费,制作费另议	长期
路牌	上海市徐家汇第六百货正门(肇家浜路、天钥桥路)	1m×1.5m(固定尺寸)	160 万元/年,含设计维修费,制作费另议	长期
路牌	重庆市江北国际机场户外	1m×1.5m(固定尺寸)	100 万元/年	三个月

续表

媒体形式	位置	规格	价格	期限
路牌	深圳市福田、罗湖、盐田、龙岗、宝安	1m×1.5m（固定尺寸）	80 万元/年	三个月
路牌	湖南郴州市京珠高速湘粤交界处	1m×1.5m（固定尺寸）	25 万元/年	三个月
路牌	山东济南市高速公路旁边大型广告牌	1.5m×2m（固定尺寸）	12 万元左右	一年

2013 年，北京整个户外广告的营业额为 20.5 亿元人民币，较 2002 年的 16.2 亿元人民币增加了 26.5%。对比 2003 年同期，2004 年北京户外广告的平均刊例价格下降了 10.7%，同近期一些优质户外媒体的涨价趋势正好相反（如地铁一号线媒体价格上涨了 10%），两极分化十分明显。

2013 年上海户外媒体的平均价格为 466 元/平方米/月，最高的是机场媒体，达到了 3586 元/平方米/月，其次是地铁和候车亭。由于机场媒体的目标消费者主要集中在“三高”人群，即“高学历、高收入、高职位”，所以，机场媒体的受众属性最为明显，紧紧抓住了最高端的目标消费者。在所有户外媒体的分类中，价格最低的是车身广告，这也再次印证了车身广告媒体是所有户外媒体中千人成本最低的媒体。随着市场的日益规范，车身广告价格还有一定的增长空间（见图 5-2）。

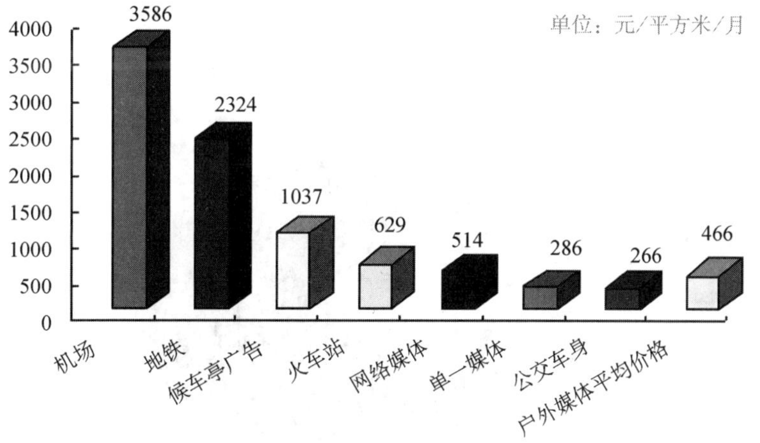

图 5-2 上海户外广告媒体价格

资料来源：http://www.wepartner.com/guanggao—bj.htm

上海的户外广告形式已超过40种,面积最小的是地铁的梯牌广告,只有0.2平方米,规格是0.5m×0.4m;面积最大的是位于万航渡路长宁支路东南角开开大厦楼顶的霓虹灯广告牌,面积1024平方米,共有4面,每一面的规格都是32m×8m。

在上海全市的11个行政区中,以浦东和长宁的户外广告价格最高,分别是711元/平方米/月和664元/平方米/月。由于外滩和浦东国际机场均在浦东,所以浦东区的户外广告价格特别高。同样原因,位于长宁区的虹桥机场拉动了长宁区整体的户外广告价格(见图5-3)。

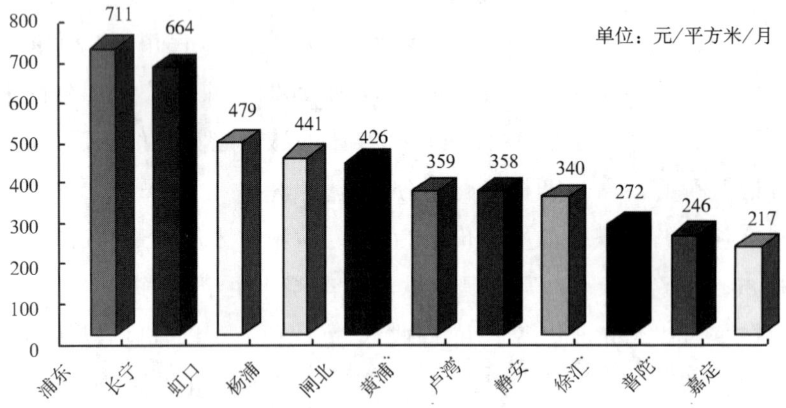

图5-3 上海各区广告媒体均价

在户外媒体广告的区域属性分布上,主干道、商业区、移动车身及机场是户外广告最集中的地方,占据了91%的市场份额(见图5-4)。

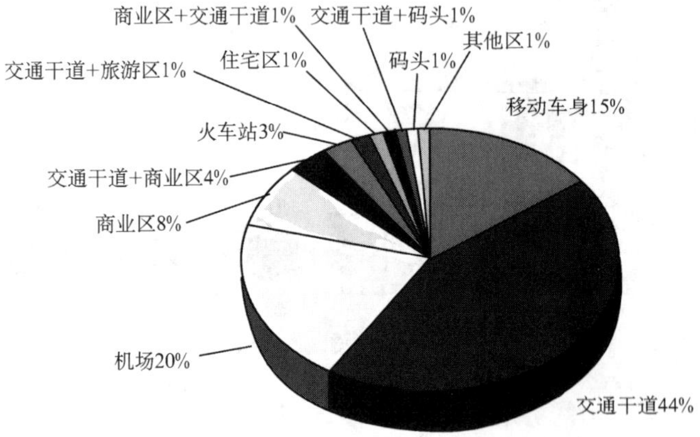

图5-4 上海户外广告地域分布

资料来源:http://www.wepartner.com/guanggao-bj.htm

图 5-4 中的其他区包括住宅区、工业区、科技园区、娱乐区、旅游区、使馆区、食宿区、学院区等。

在上海的道路中，户外媒体价值最高的是滨江大道（即外滩东方明珠周边），其次是南京东路步行街和延安西路。通过表 5-3 可以发现，最具广告价值的道路一般都属于主干道、商业街、机场路、高架和高速公路（见表 5-3）。

表 5-3　上海户外媒体价值最高的 15 条道路　　单位：元/月

1	滨江大道	5481390
2	南京东路	4144569
3	延安西路	3832524
4	南京西路	3213201
5	沪宁高速公路	2589440
6	淮海中路	2559045
7	迎宾大道	2510170
8	中山北路	2393802
9	南浦大桥	2233170
10	东大名路	1903439
11	肇嘉浜路	1849108
12	延安东路	1849108
13	中山北二路	1847973
14	共和新路	1775767
15	华山路	1707265

资料来源：http://www.wepartner.com/guanggao－bj.htm

表 5-4、表 5-5、表 5-6 分别为上海和重庆两座广告较为发达的城市不同户外媒体 2016 年的广告报价，从中我们可以看出广告价格的差异。其中报价最高的为上海浦东国际机场，场内全部户外广告牌月价格高达 2162 万元。之所以广告价格如此高，就是因为媒体方认为浦东国际机场是一个非常重要的与世界各国沟通的桥梁，利用这一地域的户外媒体，可以使广告讯息传播到世界各地。重庆则不然，尽管重庆也是一个直辖市，但是由于地处内陆，其广告影响力当然不可能和国际大都市上海相比，因而，作为户外媒体中的一支生力军，其公交媒体的广告传播效果虽然也很不错，但报价却明显较低。表 5-7 是国内著名的户外广告媒体公

司——广州白马广告公司在其所代理户外广告业务的各大中城市的户外广告报价,从表中的数字可以看出,一线发达城市和二三线城市的报价并没有太大差距。原因之一可能是广告牌在某一固定时间内的千人注目率相差并不大。表中的数据告诉广告主和广告人,在选择户外广告媒体时,不能单纯考虑价格因素,而应从受众注目度、地域人口(尤其是流动人口)数、城市的国际、国内影响力等各方面进行综合考量,这样才能策划出一个最佳的广告传播策略。

表 5-4　上海户外媒体价值最高的地方　(单位:元/月)

1	浦东国际机场内	21623920
2	虹桥机场内	11176500
3	虹桥机场广场	6746240
4	新客站广场	3735089

表 5-5　重庆公交车车载电视 TV 广告价格表

广告时间	每辆/日	每辆/日播放次数	60 辆/日(元)	60 辆/月(元)	月播次数/60 辆	日视听人群/150 辆
5 秒	10 元	48 次 (4 次/小时)	600	18000	7.2 万次	18 万人次
10 秒	15 元	48 次	900	27000		
15 秒	20 元	48 次	1200	36000		
30 秒	18 元	24 次(2 次/小时)	1080	32400	3.6 万次	
60 秒	28 元	24 次	1680	50400		

注:广告发布中车辆数以 60 辆车为基数,少于 60 辆车必须发布规定线路包车的广告。

表 5-6　重庆公交电子快报广告价格表

广告形式	广告字数	日显示次数	每辆/日(元)	100 辆/日(元)	100 辆/月(元)	月播次数/100 辆	日视听人群/100 辆
公交字幕广告	30 字(15 秒)	24 次	2	200	6000	72000 次	108 万人次
	60 字(30 秒)	24 次	4	400	12000		
节目冠名广告		24 次	6	600	18000	例:TCL 集团请您关注今日国际新闻	

表 5-7 广州白马广告公司报价表(以人民币元为单位)

风神榜阳光价号 12 号价(A 套广告公司使用,B 套广告主使用)

网络城市等级表

第一级:	北京、上海、广州
第二级:	成都、杭州、南京、西安、深圳
第三级:	哈尔滨、沈阳、大连、石家庄、济南、青岛、武汉、重庆、福州、长沙
第四级:	长春、天津、郑州、无锡、南昌、南宁、昆明、海口、厦门、佛山、中山

备注:发布规格:

大牌规格:(3.5m×1.5m;上海为 3.5m×1.2m)

中牌规格:(1.2m×1.8m)

小牌规格:(1m×1.5m)

规格	一级城市		二级城市	三级城市	四级城市
	北京	上海、广州			
大牌	100 或 50	50 或 30	50 或 30	50 或 30	50 或 30
中牌	—	50	50	50	50
小牌	60	60	60	60	60

备注:

1. 滚动灯箱:一种新的灯箱广告方式,由微电脑控制,以垂直转动卷画的方式依次显示多幅不同的广告画面,各画面的停留时间可自行设定。

2.客户可以在风神榜网络城市内(不包括上海)购买滚动灯箱发布广告。客户可以选择整个套装都采用滚动的形式,其报价见上表;也可以选择套装内部分点位部分采用滚动的形式,但要求同期滚动点位不少于 10 个,且每个滚动牌位在该套装签约价计算的每牌单价基础上加收 50%。

3.上海没有常规灯箱,所有灯箱均为滚动灯箱。

4. 滚动灯箱采用背面静止、正面滚动的形式,客户可选择滚动 2 幅或 3 幅画面。

发布价格

城市级别	常规灯箱					滚动灯箱		
	大牌			中牌	小牌	大牌		中牌
	100 个/套	50 个/套	30 个/套	50 个/套	60 个/套	50 个/套	30 个/套	50 个/套
一级城市	446000	262000	172000	125000	94000	340600	223600	162500
二级城市	—	214000	140000	94000	62000	278200	182000	122000
三级城市	—	162000	106000	67000	48000	210600	137800	87100
四级城市	—	127000	84000	57000	39000	165100	109200	74100

备注:阳光价号规则

- 白马风神榜网络从 2017 年 1 月 1 日起开始执行阳光价号 12 号价,发布合同时的适用价号为签署合同时的执行价号。

- 合同签署日期及确定发布合同地点的日期，与合同发布日期之间均不可超过 9 个月。
- 签署发布周期以起租日开始计算，最长不超过一年，其所在自然年度的合同发布额计入该自然年度的累积发布金额中。
- 租用点位采用先到先得的办法，所有签约客户均不享有发布的优先续约权。
- 签约发布数量最少为 1 个套装。每个套装由其固定的发布牌位组成。大牌套装包含 100 个、50 个或 30 个大牌，中牌套装包含 50 个中牌，小牌套装包含 60 个小牌。每个套装发布周期为 14 天。套装发布牌位与发布周期不得拆分。
- 租用价格不包含广告展登材料制作费和运输费，包含发布灯箱的电费、维护费、上画费及换画费。滚动灯箱内的多画面制作费用由客户自己承担。
- 广告公司代理佣金为 15%。

表 5-8 大连市国域无疆广告公司报价表(2017 年)

媒体形式	位置	媒体费	尺寸规格
12 封立式灯箱	A++	3000 元/块/月	304cm×150cm
	A+		
	A		
	B		
超薄灯箱	A++	1000 元/块/月	84cm×114cm
	A+		
	A		
	B		
上车窗看板	A 线:火车站—金石滩	1000 元/块/年	170cm×28cm
		9000 元/列/月	
车门两侧挡板		9000 元/列/月	57cm×174cm
车座套广告		5000 元/列/月	176 块/列
车门窗写真帖		10000 元/列/月	车门 41cm×160cm 车窗 160cm×25cm
两厢间招贴		1000 元/列/月	35cm×160cm
两座间招贴		1600 元/列/月	50cm×50cm

(媒体广告制作费另计)

媒体形式	位置	媒体费	尺寸规格
三面翻	大连站	20 万元/块/年	629cm×263cm
超级灯箱	大连站	8 万元/块/年	469cm×189cm
不规则灯箱	大连站	5 万元/年(两块)	296cm×96cm
通道海报栏	A++、A 共 400 块	5 万元/月/400 块	37cm×52cm

续表

媒体形式	位置	媒体费	尺寸规格
玻璃围栏	大连站	20 万元/站/年	107cm×98cm
吊式灯箱	大连站	1 万元/块/月	728cm×128cm
射灯广告	大连站	80 万元/年(两块)	$182m^2$×2
户外围挡	A 线沿线	10 万元/块/年	$75m^2$—$120m^2$
玻璃幕墙	大连站	150 万元/块/年	$520m^2$
	金马路	10 万元/块/年	$22m^2$
	香炉礁	8 万元/块/年	$20m^2$—$38m^2$
	金石滩	10 万元/块/年	$22m^2$
语音播报	A 线车内	4 万元/则/年	15 秒/则

(媒体广告制作费另计)

备注:表中的 A 指大连市户外广告黄金地段,A+指一级黄金地段,A++指特级黄金地段;B 指一般地段。其划分的主要依据是该地段商业圈规模、流动人群多少、本地段在市民心中的固定位置感等。

大连市国域无缰广告公司认为,将大连市快轨常规媒体(灯箱、车站墙体、户外围挡等)和特殊媒体(语音播报、玻璃幕墙等)进行价格整合发布,可以对广告内容进行三维空间展示,从而打造最大的发布面积,给受众以强烈的冲击感与震撼效果,提高广告讯息的到达率,进而迅速扩大品牌的影响力。

媒体形式		位置	媒体费	尺寸规格
12 封灯箱长廊		A++	2800 元/块/月	包单侧站台
		A+	2000 元/块/月	
		A	1500 元/块/月	
		B	1000 元/块/月	
超薄灯箱长廊		A++	800 元/块/月	包单侧站台
		A+	650 元/块/月	
		A	600 元/块/月	
		B	500 元/块/月	
吊式灯箱组合	4 块	大连站	7000 元/块/月	单块尺寸规格为 728 cm×128cm
	9 块	大连站	5000 元/块/月	

续表

媒体形式	位置	媒体费	尺寸规格
车内包列	A线	2.5万元/列/月	车内所有广告形式
车体广告	A线	70万/列/年	发布面积近500m^2
墙贴包站	A＋＋	15万元/站/年	发布面积为200m^2—400m^2
	A＋、A	10万元/站/年	

(媒体广告制作费另计)

从上面几组数字可以看出,国内各种户外广告媒体在要价上有很大差异,但都有一个共性,就是城市黄金地段要价最高,上海和北京这两座大城市又在国内各大城市中要价最高。究其原因,应该与人口比例、城市规模以及城市在国内外经济运作中的地位与影响力密切相关。其实,这样的定价法在国外早已通行。

本章复习思考题

1.户外媒体在传播广告时与其他媒体的主要不同是什么?

2.路牌广告与灯箱广告的区别有哪些?

3.霓虹灯广告和灯箱广告为什么同时也是一座城市的亮丽风景线?

4.招牌媒体与幌子媒体有什么不同?

5.你如何看待户外媒体的多重管辖问题?

第六章　广告新媒体

本章重点：新媒体的种类及各自传播信息的特点。

本章难点：网络媒体所属各分支媒体（博客、播客、流媒体等）的特点。

毫无疑问，新技术的出现会带来新的生活形态，在科学技术越来越先进的大背景下，任何变革都会给各行各业带来或大或小的影响。广告业是创意产业，也是经济活动中很重要的环节，它必定要走在时代的最前沿，最早感知各种创新事物，并在实践中对其加以运用，从而创造出更多具有新意的广告作品。因而，新媒体的产生也时时刻刻地影响着广告传播的方式和特征。从广告策划、定位、执行到效果评估等，所有环节都会不可避免地打上新的印记。同时，新媒体也将广告带入了新的广阔领域去挖掘和发展自己的潜力。

第一节　广告新媒体概述

最早的广告活动可以追溯到人类先民在商品生产和商品交换过程中自发或自觉产生的宣传行为。在人类社会漫长的发展过程中，经济行为和人类的生活密切相关。历史也一再证明，科技的进步对广告业发展的推动作用无疑是巨大的。从古老的甲骨文、造纸术，到机械印刷、数字印刷术，直至广播、电影、电视的诞生，再到互联网时代的到来，科技在不断发展，广告业也在不断进步。“Web2.0”“移动互联网”“楼宇液晶电视”“移动电视”“病毒营销”“整合营销”“博客”“播客”等新事物一个个应运而生，活跃在我们的周围，并日益成为普通人生活中不可或缺的一部分。每一次最新的科技成果应用在广告活动中都会爆发出巨大的能量，每一次科技飞跃都能拓宽广告传播的广度，加深广告传播的深度，使广告业不断焕发出新的生命力。尽管在广告活动的应用中，许多科技带来的效果还存在争议，但是自广告诞生之日起,科学技术就无时无刻不站在时代的最前沿,这一点则是毋庸置疑的。

“新媒体”(new media)一词最早是由美国哥伦比亚广播电视网(CBS)技术研究所所长戈尔德马克(P. Goldmark)在1967年提出来的。但什么是“新媒体”,人们对此的理解并不相同。一般将新媒体界定为互动式数字化复合媒体,主要包括互联网、商业在线服务、CD-ROM目录和杂志、独立式电脑和互动电视,其中前景最好的是互联网。这其实只是一个相对概念,新媒体会伴随着新科技、新生活形态的出现和发展而不断变化。在当今时代,利用数字技术、网络技术,通过互联网、宽带局域网、无线通信网、卫星等渠道,商家在电脑、智能手机、数字电视等终端设备上可以给用户提供各种信息和娱乐服务,这大大地满足了人们对信息传播的需求,同时也使广告的涵盖面更广泛。新技术的出现及其与媒体的融合使广告的形态发生了巨大的变化,新的广告载体出现在大众生活中。在传统的平面媒体、广播、电视、户外媒体等广告载体之外,新媒体广告平台正在冲击和分流传统广告媒体的市场。

一、互联网

互联网诞生于1969年年底,它起源于美国国防部高级研究计划局(ARPA)于1968年主持研制的用于支持军事研究的计算机实验网ARPANET。ARPANET的建网初衷是帮助为美国军方工作的研究人员通过计算机交换信息。它的设计与实现是基于这样的一种主导思想:网络要经得起故障的考验且维持正常的工作,当网络的一部分因受攻击而失去作用时,网络的其他部分仍能维持正常的工作。最初的ARPANET只有四台主机联网运行。

到1985年,在美国政府的帮助下,美国国家科学基金(NSF)组建了第一个网络,并将其命名为NFSNET。伴随着TCP/IP协议的成熟,1986年后,NFSNET取代ARPANET成为Internet的主干网。

随着个人电脑的普及和互联网技术的发展,互联网将千家万户连接起来,实现了全国乃至全球的大联网,并以其特有的交互传播形式,成为继报纸、广播、电视、杂志之后的“第五媒体”。毫无疑问,互联网的发展极大地改变了人们的生活,并对传统广告媒体产生了深远的影响。随着无线网络技术的快速发展,无线网络技术引领下的Wi-Fi(无线保真)在各个国家得到了普遍的应用。无线网络技术是一种能够将个人电脑、手持设备(如 PDA、智能手机)等终端设备以无线的方式进行连接的技术,而 Wi-Fi 则是互联网时代一种极具发展潜力的无线网络通信技术。

网络广告指采用电子多媒体技术设计制作的将通讯网络作为广告发布平台并通过网络传播的广告,其具体操作方式包括:注册独立域名,建立公司主页,在各网络站点发布各种尺寸的广告及图文链接,登录各大搜索引擎,在 BBS 电子公告板上直接发布广告讯息,通过电子邮件给目标消费者发送广告讯息,在提供博客服务的网站上开设公司博客等。它具有网络这一媒体独特的互动属性。

1994 年 10 月 14 日,美国著名的 *Wired* 杂志推出了网络版的 *Hotwire*。它的主页最初有 AT&T 等 14 个客户的旗帜广告(banner)。这是广告史上具有里程碑意义的一个标志,同时也让网络开发商与服务商看到了一条光明的道路。继 *Wired* 之后,许多传统媒体如美国有线电视网 CNN、《华尔街日报》等,也纷纷建立起自己的网站,并在网络平台上刊登各类信息,同时经营广告业务。至此,网络广告传播这一新型广告传播形式正式诞生。

1997 年,我国网络广告业实现了零的突破,第一条商业性网络广告出现在 1997 年 3 月的 Chinabyte 上,这是一条推广英特尔 CPU 的 468×60 像素的动画旗帜广告。1999 年 7 月,中华网在上海召开的互联网广告营销会议是第一次规模较大的网络广告营销沟通会。

现在,中国的网络发展正处于普及期和快速增长期。据中国互联网络信息中心(CNNIC)2016 年 1 月 22 日发布的《第 37 次中国互联网络发展状况统计报告》,截至 2015 年 12 月,中国网民规模达 6.88 亿,互联网普及率达 50.3%,半数中国人已接入互联网。网民通过 Wi-Fi 无线网络接入互联网的比例高达 91.8%,较 2015 年 6 月增长了 8.6 个百分点。目前,Wi-Fi 无线网络已成为网民在固定场所下接入互联网的首选方式。同时,移动互联网塑造了全新的社会生活形态,“互联网+”行动计划不断助力企业发展,互联网对于整个社会的影响已进入新的阶段。如此巨大的媒体接触人群以及其充满活力的年龄构成,无不显示着互联网这一领域将会越做越大,前途不可限量。

在这一美好发展前景的鼓舞下,互联网广告的营业收入也呈现出连年增长的趋势。以腾讯为例,2016 年 1 月腾讯发布的 2015 年营业数据显示,其 2015 年全年营业额为 1028.63 亿元(约合 158.41 亿美元),同比增长 30%;经营性营利 406.27 亿元(约合 62.56 亿美元),同比增长 33%;经营利润率为 39%,与 2014

年同期持平;全年净利润 291.08 亿元(约合 44.83 亿美元),其中网络广告业务同比增长 118%,达 57.33 亿元。仅仅一家网络企业的广告年收入就高达 57 亿元,而且年增长率达到 118%。另据中商情报网的调查数据显示,2015 年第四季度,中国互联网广告营运额高达 621 亿元,这绝对是一个鼓舞人心的数字。

二、博客

博客(Blog)的原意是"航海日志",后来指任何类型的流水记录。Weblog 是网络上的一种流水记录形式,简称"网络日志"。一个 Blog 是一个网页,由按照时间顺序排列的日志组成,用户可以申请自己的站点并自主发表日志,也可以通过点击链接或直接输入网址阅读他人的日志。可见,博客可以让用户在互联网上发布、传播和共享个人的思想、观点、知识等信息。

博客主要的中文博客网站有 blog.cn、blogbus 等。各大门户网站,如新浪、搜狐、雅虎中国等看准了博客这块巨大的蛋糕,纷纷进入这一市场,为更好地挖掘这一新平台的广告价值做好了铺垫。其他类型的博客还有微软公司的 MSN Space、腾讯公司的 QQ 空间、百度公司的百度空间等。其中,MSN Space 和 QQ 空间将即时通讯工具与博客联系起来,具有一定特色。这些博客大都注册简单,使用方便且模板丰富,因而用户数量也较大,更新、评论的氛围比较活跃,进而聚拢了国内绝大多数博客用户。

三、播客

近年来,不少视频网站或门户网站纷纷开发视频频道,视频像文字和图片那样开始在网络上传播和蔓延。一种新的信息发布,尤其是个人信息发布的站点应运而生,这就是播客。

播客网站与博客相类似,大多是个人用户根据自己的兴趣爱好和所能获得的资源,在个人申请的站点和所登录的页面中发布视频信息。这种视频文件往往都附有标签,或直接将视频归入某种题材,便于人们在繁杂的网络信息中通过输入关键字进行检索。

通常,个人制作上传的播客作品质量参差不齐,一般的播客内容大都是转载的他人或公司已经制作完成的有特定取向的视频短片,但这并不妨碍播客成为广告投放的新平台。

四、微信

微信是腾讯公司于2011年1月21日推出的一个为智能终端提供即时通讯服务的免费应用程序。微信支持不同的通信运营商和操作系统平台。通过网络快速发送免费(需消耗少量网络流量)语音、视频、广告、图片和文字等各类信息;同时,用户也可以使用基于地理位置功能的社交插件"摇一摇""漂流瓶""朋友圈""公众平台""语音记事本"等。此外,微信还提供公众平台、朋友圈、消息推送等服务,用户可以通过"摇一摇""搜索号码""附近的人"和"扫二维码"等方式添加好友或关注公众平台,同时分享给好友或分享至微信朋友圈。由于微信比其他新媒体带有更多的即时通讯功能,因而短短几年时间就获得了广大用户的喜爱。

相关数据显示,2014年第二季度,微信月活跃用户为4.38亿;截至2014年年底,微信累计注册用户数达11.2亿,朋友圈信息量每天累计达30亿条,60%的用户每天打开微信10次以上。微信已成为亚洲地区拥有最大用户群体的移动即时通讯软件。

五、手机

1973年,任职于摩托罗拉公司的美国人马丁·劳伦斯·库帕(Martin Lawrence Cooper)发明了世界上第一部手机,1983年,蜂窝式电话系统在美国投入使用,1987年引入我国沿海发达地区。始建于1982年的全球移动通信系统(Global System for Mobile Communication,GSM)于1991年第一次投入商用。随着经济的发展,我国于20世纪90年代中期开通了GSM,并于2001年12月15日将原有的模拟制式移动电话全部并入GSM。

新技术的推广需要新服务的支持。无线通信技术的发展日新月异,之前还广泛应用的GSM手机几乎已被彩屏的GPRS手机所取代。与此同时,由于手机实现了批量生产,手机硬件的成本下降,带动手机的零售价格下降,手机作为移动通讯的个人终端在人们的生活中日益普及,相当一部分手机不仅具备通话、短信息传递、无线上网、游戏等功能,还增加了PDA、数码照相、视频播放、MP3播放等功能,还可以通过蓝牙、红外线等无线连接方式或利用USB实现手机与个人电脑的数据同步。[①]

目前,我国移动电话用户总数已居世界首位。根据信息产业部 2015 年发布的数据显示,截止到 2015 年 5 月底,中国的手机用户数量已达到 12.56 亿人,相当于 90.8%的中国人都在使用手机。数据显示,在使用手机的所有用户中,使用手机上网的用户数量为 8.57 亿人,占用户总数的 68.24%。

智能手机是对运算能力及功能强于传统功能手机的手机之集合性称谓。常见的智能手机操作系统有 Windows、Android、iOS 和 BlackBerry OS 等。智能手机可以像个人电脑一样安装第三方软件,其功能十分丰富,而且可以不断扩充。因而越来越为广大用户所喜爱,其普及速度以几何级增长。

智能手机拥有独立的核心处理器(CPU)和内存,可以安装更多的应用程序,其功能可以无限扩展,可以支持的第三方软件多。与此同时,智能手机可以自由定制界面,使用起来非常灵活。智能手机具有的便捷性使其很快风靡全球,虽然其制造成本要比非智能手机高很多,但是,随着制造工艺的不断提升和电子元器件的降价,智能手机的价格越来越便宜。

全球定位系统也是智能手机的另一特点。全球定位系统是由美国国防部开发的,最早于 20 世纪 90 年代出现在手机中,是通过卫星直接将位置和时间数据发送到用户手机上。如果手机能够获取三个卫星的信号,就能够显示用户在平面地图上的位置;如果手机能够获取四个卫星的信号,还能够显示用户的高度。这是普通手机连想都不敢想的事情。

六、移动电视

移动电视采用无线数字信号发射、地面数字设备接收信号的方式,将接收的信号转化成节目进行播放。移动电视克服了固定收视的缺点,其载体包括火车、公交车、出租车、轮船、飞机等移动交通工具,目前播放的内容主要包括新闻节目、自制短片、文化广告、商业广告、公益广告、公共服务信息等。移动电视具有覆盖面广、反应迅速、移动性强的优点,即使在高速移动的状态下也能保持画面的高清晰度。其覆盖范围不仅包括公共交通工具本身,还包括公交站牌、地铁候车厅、地道走廊等公交配套设施的所在空间。

---

① 吴凡."碎片化"背景下的手机媒体广告运作模式探究[D].2006 年苏州大学传播学硕士论文.

1995年5月，上海开始进行数字电视地面广播试验。1996年，上海文广集团及东方明珠在对数字电视技术有所研究的基础上，向国家计委申报上海建设数字高清电视地面广播试验平台并得到了批准。2002年，在上海交通大学的配合下，上海市广播科学研究所在东方明珠广播电视塔搭建了数字电视公交移动接收系统，并进行了国家数字电视标准试验，凭借其雄厚的数字电视技术实力开发出了全国首套公交数字移动电视系统，填补了国内在该领域的空白。2003年，经国家广电总局批准，上海正式推出了以公交车辆为主要载体的移动电视商用系统。2004年，上海又推出了以出租车为载体的移动电视商用系统。至此，上海成为全球较早普及移动电视的城市之一。

目前，我国移动电视的发展还只局限于发达城市，特别是东部沿海地区的城市。其中，公交系统已较为完善和发达，客流量较大且比较稳定。在这些城市中，广告行业发展充分且成熟，城市经济实力较强，从而带动了新媒体的发展。

随着经济的发展和技术的成熟，数字移动电视这一平台将会越来越受到重视，进而扩张自己的地盘，并发挥其巨大的潜力。

七、楼宇液晶电视

楼宇液晶电视的创始者是加拿大的 Captivate Network Inc. 公司。1995年，该公司首先在美国及加拿大的一些高档场所设立了楼宇液晶电视，并很快受到美国投资巨头——高盛集团的青睐，高盛集团随即向该公司注入了上亿美元的资金。经过八年的努力，Captivate Network Inc. 公司的液晶电视传播网络已覆盖了全美1700幢商务楼宇中的1100幢，拥有130万收视群体。

楼宇液晶电视在中国的发展充满了传奇色彩。2002年12月，进出上海高级商务楼宇和商厦的人们突然发现，在平日单调无味的电梯等候厅和电梯内一夜之间增添了许多时尚的液晶电视，这些电视滚动播放品牌广告、动听的音乐、电影预告和国际体育赛事集锦，而且内容每周都会更新。一时间，商业楼宇液晶电视联播网引来了众多媒体的关注，有人惊讶于这一媒体的独特创意，也有人对如此大的投资能否赢利持怀疑态度。2003年6月，曾投资过 Etrade、Ebay 等著名公司的软银(SOFTBANK)对外宣布将向楼宇液晶电视领域注入巨资，推动这一新兴广告媒体中的领军企业——FocusMedia(分众传媒)在中国商业楼宇联播网的建设与运营。

仅仅时隔一年,分众传媒便把中国商业楼宇联播网从上海扩展至北京、广州、深圳、南京、杭州、成都、重庆、西安、武汉、天津、沈阳、大连、青岛、长沙、厦门、福州、昆明、哈尔滨等20多座城市,整个国内传媒业为之震动。2003年,遍布写字楼和商厦等中高档场所的楼宇液晶电视灼热了人们的眼球。分众传媒在某种意义上颠覆了人们传统的媒体观,成为中国传媒业和广告业的一匹黑马。

2004年,众多国际知名投资机构联手注入数千万美金,帮助分众传媒打造全新的覆盖全国的分众型户外电视联播网络。2004年11月,美国最知名的投资银行高盛公司和欧洲最大的风险投资基金3i公司联手向分众传媒注入3000万美金并入股,使其市场估值达到1.8亿美金,并成为中国国内新媒体业估值最高的公司。

目前,分众的液晶电视网络主要产品有商务楼宇联播网、卖场终端联播网、公寓电梯联播网、医药联播网、银幕巨阵等。

第二节　广告新媒体特点

一、互联网

互联网不仅是一个新媒体,它还是一个传播平台,能给人们提供各种各样的机会。在获得初步的认同感累积和用户数量累积之后,互联网孕育出不少新的传播焦点和传播习惯,甚至在此基础上创造出了新的生活形态。如此富有创造性的领域无疑会吸引大量创意人士,包括广告人。

网络广告(Web Ad)是一种新兴的广告形式,它依托于国际互联网而产生并随着互联网的迅速普及逐渐为人们所熟悉。根据美国著名传媒研究者霍金斯的定义,网络广告就是电子广告,即通过电子信息服务传播给消费者的广告。中国广告商情网(www.a.com.cn)将网络广告界定为在互联网上传播、发布的广告,其广告形式、收费模式等都与传统广告有所差别。实际上,网络广告就是在互联网上发布和传播的商业广告。套用"广告"的一般定义,也可以说,网络广告是广告主以付费的方式,运用互联网媒体对公众进行劝说的一种信息传播活动。①

① 参见李兵.论网络广告的特点与形式[J].商业研究,2002(1).

网络的互动性和网民对消息接收的自主性，使网络上信息泛滥、空间无限延伸。外在推动力很难长期将某一消息放置在最显眼的位置，即使做到了，也不等同于该信息就能受人关注。因为各种信息的登记和优先程度都是由参与其中的网络用户所共同赋予的，每个用户都有机会决定扼杀或者延长信息发布者所发布信息的传播时限，用户还可以在获得他人信息的基础上加入自己的创造，然后继续在网上传播，利用各种转载和链接方式，实现真正的互动传播。①

1. 网络广告的特点

(1)形式多元化

由于宽带的普及和 Flash 技术的发展，网络广告呈现出多媒体化的发展趋势，其中最有代表性的是富媒体广告。富媒体广告能够综合利用视频、音频、Java 及动画等有机组合，除了能提供在线视频的即时播放外，还能提供网页、图片、超链接等其他资源，与影音同步播出，从而大大丰富网络媒体播放的内容，增强呈现的效果。富媒体广告天生就有一种吸引力，它在繁杂的网络广告中非常醒目，影响力非常大，点击率比传统网络广告高出很多。由于可以结合所有的广告形式，富媒体广告具有极强的表现力，为创意人员提供了极大的发挥空间。富媒体广告的接触方式不仅吸引了访问者的注意力，并且实现了受众与广告的互动。富媒体广告能够在内容上和地域上做到定向发送，通过侦测受众的 IP 地址等，有针对性地发布广告，同时也便于广告主定向追踪客户的行为。

出色运用富媒体广告的代表性产品是第三代电子杂志，它们内容广泛，涉及时尚娱乐、数码动漫、网游竞技等众多领域。第三代电子杂志强调互动性，比如在介绍音乐内容时，用户可以在第三代电子杂志上看到歌词、动画，在线收听每首新歌并观看演唱会视频。若是时尚类杂志，则用户可以一边听着美妙的背景音乐，一边欣赏流行服饰，还可以通过视频窗口感受时装秀的现场气氛，甚至可以直接与服装设计师互动。与此同时，第三代电子杂志还能针对其用户的阅读数据进行分析，得到最新的信息反馈，从而为内容制作和广告投放提供参考。

(2)受众小众化

当前信息传播的特点是“处处是中心，无处是边缘”。信息已经分散到数以万计的电脑中。网络不仅接收信息，同时也产生信息，它们不仅仅是阅读、收听和收

---

① 参见何纬丰．新媒体带动下的媒介生态变革[J]. 传媒透视，2007(1). T

看的中心,同时也是生产和传播信息的中心。网络广告就是充分利用这些分散的小中心(也就是个人的力量。虽然每个人的力量非常小,但是当把这些数以万计的个人加在一起的时候,就形成了独特的"长尾"力量)获得发展的。

2.网络广告的类型

(1)旗帜广告

旗帜广告(banner)又叫"通栏""横幅广告",是目前全球网络广告的主要形式之一。网络媒体在页面中分割出一定尺寸的画面(视各媒体的版面规划而定)发布广告,因其像一面旗帜,故称为旗帜广告。最常用的旗帜广告尺寸是468×60(或80)像素、234×60像素。旗帜广告以GIF、JPG等格式建立图像文件,并将图像文件定位在网页中,同时还可使用Java等语言使其产生交互性,用Shockwave等插件工具增强其表现力。旗帜广告允许客户用极简练的语言、图片介绍企业产品或宣传企业形象。为了吸引更多用户的注意和点击,旗帜广告通常利用多种多样的艺术形式进行设计,比如做成动画跳动效果或做成霓虹灯的闪烁效果等。

(2)按钮广告

按钮式广告(button)是网络广告中最早的和最常见的形式,通常表现为一个公司的标志(logo),实则是一个通过点击可以链接到公司主页或站点的链接。公司标志嵌在网页中,由网络浏览者主动点选。最常用的按钮广告尺寸有四种:125×125像素(方形按钮)、120×90像素、120×60像素和88×31像素。由于尺寸偏小,内容有限,所以按钮广告的表现手法也较简单。

(3)插播广告

广告主选择与自己产品相关的网站或栏目,在该网站或栏目出现之前插入一个新的浏览视窗展示广告的形式叫插播广告(interstitial ad)。插播广告出现在访客等待网页下载的空当,主要分为两种:一种是弹出窗口(pop-up),出现在网站的页面上;另一种是背投广告(pop-under),一般出现在网站页面窗口之后。

(4)新流媒体广告

新流媒体广告(new media ad)的位置通常在网站页面的左侧或右侧,可以自由播放由多媒体技术制作的视频、音频与Flash相结合的文件,播放的画面可以悬浮在打开的网站页面之上。这种广告信息量丰富、形式多变,具有强烈的感染力。若点击关闭按钮,广告可以隐藏在页面的一侧。

(5)浮动标识

浮动标识(floating logo)悬浮于网站页面的左下角或右下角，一般是产品图片或企业 logo，会随页面的拉动而浮动。

(6)赞助式广告

赞助式广告(sponsorship ad)形式多样，有内容赞助式广告、节目赞助式广告、竞赛和推广式广告(contest & promotion)等。广告主可根据自己感兴趣的网站内容或网站节目进行赞助，或者与网站一起合办受众可能感兴趣的时效性网站，如澳门回归网站、世界杯网站，并在该类时效性网站进行网上竞赛或发布推广式广告。

(7)电子邮件广告

广告主或广告代理机构通过各种途径搜集到目标消费者的电子邮箱地址，将广告信息以邮件的形式发送到目标消费者的邮箱中，这种广告形式就叫电子邮件广告(e-mail ad)。因为可以无限复制，而且获取邮箱地址的费用较为低廉，因此电子邮件广告成本较低。但由于各个邮箱服务器都有垃圾邮件过滤功能，所以电子邮件广告的到达率并不是很高。

(8)互动游戏广告

互动游戏广告(interactive game ad)可以随时出现在游戏的开始、中间或结尾，可以根据广告主的产品为之量身定做。互动游戏广告形式多样，例如在欣赏完圣诞节的互动游戏贺卡之后，广告会以整个游戏贺卡的结束页面的形式出现。再比如在游戏界面中的扑克牌背面植入赞助商的商标。这一广告形式融信息于乐趣中，使娱乐和广告得到平衡。

由于网络技术飞速发展，网络广告的表现形式不断翻新。现在，很多大网站除了使用常见的旗帜广告和按钮广告外，还使用很多新形式的广告，如基于多媒体技术的飞行精灵、幻影跟随、鼠标跟随、浮动层广告、震动按钮广告和下拉式旗帜广告等。

二、博客

博客是以个人为中心的表达和传播媒介载体，它具有自主性、个性化、分众化等特征。作为互联网的新锐势力，其发展势头和传播优势备受关注。特别是在注重分众传播、互动体验营销及公关的广告时代，博客的广告传播价值被许多专家和业内人士看好。

个人通常在博客中记录个人生活的事情点滴，并通过这种方式把个人的思想以及获知的信息分享给他人，并与他人进行交流，同时又通过跟帖和网络链接等方式结识更多志趣相投的朋友。也就是说，博客实际上是一个用个性化的内容来聚敛人气的网络平台。

也许正是因为这些原因，博客的发展才如此迅速。据 2016 年中国互联网络信息中心(CNNIC)发布的网络发展状况统计报告，在中国数以万计的网民中，经常使用“博客”的网民已经占到 11.9%。

1.个人博客与博客圈

作为单一的个人博客，其本身并不具备成为一个广告投放平台的必备要素，因为这种散乱无序的单一性很难收到预期的广告传播效果。但各博客网站陆续推出的博客圈等功能则使个人能够通过网络找到与自己具有同一群体特征的博客用户，这样形成的受众圈和资讯圈便使传播在路径上走向分众化，从而大大提高了广告投放的针对性，通过各种指标特征将各种自发的群体打上各种各样的标签。反映在消费需求上，博客圈在某一方面也具有相对应的共同特征，不同的广告代理商应根据产品的特征选择与其相关联的群体进行广告投放。博客圈具有的群集性特征使广告代理商在投放广告时不必再针对单个博客或某一个站点，而是将注意力集中到由这些特性搭建的网络平台上，即通过博客圈将所有具有某一特征的博客网罗到一起，直接到达目标受众群，提高效率。

另外，由于博客与博客之间建立了便捷的链接，所以相关的信息能够高效地扩散。这种“多对多”传播具有发散性，比“一对多”传播更高效。对于广告商来说，博客圈更实际的意义在于它能够减少广告费用的浪费。

2.企业博客与“口碑营销”

随着博客的发展，越来越多的企业开始建立自己的企业博客，博客已经成为流行的网络营销工具。企业博客是一种成本较低的建立品牌形象和推广新产品的广告与营销手段，目前已经引起了众多企业的关注，成为线上广告的一个重要补充。与其他网络营销工具相比，博客具有更大的自主性，发布的信息量更大，且发布方式更为灵活。企业通过博客这一自媒体，可以获得更为廉价、更为便捷、互动性更强的机会对外发布广告信息；也可以宣传企业形象，与潜在消费者进行直接有效的沟通，从而提高企业的美誉度和产品的知名度；在企业遭遇危机时，企业博客还可以营造有利于企业的舆论。

近年来十分热门的“口碑营销”类似于传播学理论中的“意见领袖”，在意见领袖或者亲朋好友的推荐下，这种信息的传播被认为是更加人性化的传播，因而也就更加容易得到信任。作为网络平台上的一种媒体，博客虽然有不够权威的弱点，但与大众媒体相比，博客的人性化优势无疑会让受众将对博客写作者的信任延伸到对在这一平台上发布的信息的信任，包括对广告的信任。

因此，企业自媒体走口碑营销路线的最大前提在于，企业博客值得信任。作为个性化的社会化媒体，企业博客比较容易影响有关联的社会群体，通过口碑传播，信息更具可信度。

三、播客

宽带的普及和视频播客的兴起，使传统意义上的文字博客成为过去。传播形式的日益便捷、创作方式的日益简易、数码终端产品价格的进一步下降，都使播客有可能替代博客。

在播客上发布广告有几种形式：(1)在视频缓冲期内播放某产品或服务的广告；(2)在视频节目播放前插入广告；(3)在视频内容中插入产品的广告图片或文字等。播客在形式上仍有待进一步开发和拓展，但播客本身承载的巨大信息量吸引着众多潜在消费者的目光，因而我们可以利用多媒体技术在新平台上投放广告，为企业宣传产品提供更多层次的选择。

1968 年，艺术大师安迪・沃霍尔(Andy Warhol)留下了一句著名的预言——“未来每个人都有成名 15 分钟的机会。”[①]他当时认为，随着照相机和电视机的普及，普通人成名的壁垒终将被打破。后来人们将此理论称为沃霍尔理论。

美国《时代》周刊说，沃霍尔的预言将被改写。新的预言是：在互联网上，每个人都可以在自己的 15 人小圈子里出名。

四、富媒体

“富媒体”是 rich media 的中文翻译，它并不是一种具体的互联网媒体形式，

---

① 〔美〕迈克尔・弗洛克．出位——十五分钟成名定律[M]．周佳琳，译．海口：南方出版社，2014(1)．

而是指具有动画、声音、视频和交互性的信息传播方法,有几种常见的形式或者组合:流媒体、声音以及 Flash、Jave、Javascript、DHTML 等程序设计语言。

富媒体可以应用于各种网络服务中,如网站设计、电子邮件、旗帜广告、按钮广告、弹出式广告、插播式广告等,富媒体的广告形式更加灵活多样。

五、手机

如今,媒体的范畴不仅包括我们所熟悉的报纸、广播、电视、网络这几大媒体,还包括"手机媒体"。尽管手机通信目前还存在成本高、屏幕小、带宽不足等缺点,但由于其具有携带和使用方便、可随时随地通信、互动性强等优点,因而许多人将其称为新兴强势媒体。

手机的首要突出特点是强大的兼容性。手机以一个跨媒体的形式存在着,这就让手机作为一种工具拥有了众多其他接收终端或者播出终端的功能。现在的手机不仅能收发消息、上网浏览,还可以传递文本、声音、游戏、图像、视频、动画等。随着技术的发展,短信发送的内容完全可以与小型杂志相媲美,并且具备随时更新、及时交互的特点。由于手机媒体具有高度的媒体兼容性、人际交互传播的广泛性和有效性,已经为整个传媒业、网络业、电信业、广播电视业带来了新的财富。手机与其他媒体的联手使其成了大众传播媒体系统中一个经济便捷的个人化信息接收终端。

手机还具有个性化特点。因为手机的拥有者基本是个人,所以手机具有各种各样的个性化功能。人们在挑选手机的时候是根据自己的需求来做的,在使用的时候也是按照自己的方式去使用的。作为基本的人际交往工具,手机具有大众媒体不具备的个性化特征。

另外,手机是受众主动使用的工具,因而在传播信息的过程中,也随时会体现出使用者的主动性。在转发广告讯息时,受众的主动传播使广告形成了良好的口碑,为广告的传播增添了人性化魅力。

非常重要的是,手机如同网络,也可以实现实时的信息交互。在看到手机广告之后,手机用户可以通过拨打电话、发送短信和邮件、登录网站等形式与广告主互动,甚至还可以将广告内容转发给自己的朋友,形成病毒式传播。对于广告主来说,这种即时的信息反馈是最宝贵的资料,广告主可以及时有效地掌握数据,以协助调整或制订下一步的广告计划。

手机广告能够在正确的地点和时间锁定目标受众。在预先定位的基础上，广告主可以发布目标受众感兴趣的或者能够满足其当前需要的信息，并确保目标受众接收的信息就是消费者想要的信息。通过成功定位，广告主可以获得较高的广告阅读率。

六、移动电视

移动电视的首要特征是移动性。由于移动电视是处于不断移动中的，因而，其重要特征就是移动收看。在公交车内、地铁轻轨内乃至运行的火车上，都可以收看到画面清晰、声音清楚的移动电视节目。移动电视的这一特点满足了生活节奏越来越快的人们对信息的大量需求。现代社会的人们希望能够尽可能地充分利用每一分钟来获得尽可能多的信息。

由于移动电视所处空间的特殊性为其赋予了不同于其他媒体的特征，在车厢、站台、候车厅等地点，人群聚集、声音嘈杂、电视声音容易受到干扰、画面容易被遮挡，因此，在地铁内的移动电视大多采用无声播放的方式。

此外，移动电视并不是以广告为唯一播出内容的媒体，它主要播出一些资讯类、娱乐类节目，这些节目在乘坐公共交通工具的受众中较受欢迎。

人们通常在旅途中收看移动电视。在长时间的旅行中，人们往往愿意收看时间较长的节目；而在短途公交出行中，人们则往往更乐意收看短小的节目。这种特点也使移动电视的节目内容随着旅途时间长短的不同而有所不同。

七、楼宇液晶电视

楼宇液晶电视使用 LED 液晶电视设备，以音频、视频相结合的方式引入户外，以影视广告的模式更清晰地呈现品牌信息。这种媒体形式被设置在室内白领及高收入人群时常经过并停留的地方。它有效地改变了常规户外媒体的表现能力和形象感染力，进而也改变了众多广告主的户外媒体战略。

楼宇液晶电视的主要特点与传统电视一样，都以动态图像、声音和文字作为基本信息，此外还包括语言符号和非语言符号，如画面、配乐等。

此外，这一媒体具有空间性。楼宇液晶电视与其他媒体的最大不同之处在于它所处的空间——办公场所，如写字楼、楼梯或者高档住宅小区，其受众具有这一空间本身所附带的特性。这一媒体的受众群体呈现出高学历、高收入、高消费能力的“三高”特点。

同时,楼宇液晶电视传播的内容以广告为主,甚至全部是广告,因而广告产品的选择就成为重要的问题。楼宇液晶电视所选的广告产品必须符合其自身面对的小众群体的职业特性、人格特性、审美特性等。

广告主选用户外媒体发布广告的主要原因是为了巩固电视媒体传播的信息,因而户外媒体广告的画面往往是电视广告中的节选或对电视广告的重复,希望受众看到此画面能回忆起电视广告。同时,这也是直接将影视广告搬到户外的一种新做法。这一做法不仅能告知信息和加深受众的记忆,更重要的是可以把影视广告的画面吸引力和感染力直接呈现给受众,促进受众对商品和品牌产生了解的欲望与冲动,从而帮助消费者建立起对商品和品牌的认知与偏好。

在电视广告和户外广告的启发下,楼宇液晶电视广告将户外广告影视化,将影视广告户外化,成功运用了较低成本的数字化高新技术把二者的优势结合起来。

第三节　新媒体广告传播优劣势

一、互联网

1. 优势

(1)受众人数众多

《第37次中国互联网络发展状况统计报告》中的数据显示,截至2015年12月,中国网民规模达6.88亿,互联网普及率达到50.3%,半数中国人已使用上了互联网,其中15—40岁的人在2014年中使用互联网的比例占到了79.9%。我国的网民数量众多,已近7亿,这对于广告业来说是一个巨大的市场。随着互联网的普及和技术的进步,我国的网民数量呈现出不断上升的趋势。

(2)广告形式丰富多样

网络广告可以分为多种形式,上文中已有列举,如旗帜广告、按钮广告、弹出式广告或插入广告、赞助广告、电子邮件广告以及游戏互动广告等。

(3)超新技术的运用

互动性能够降低受众对广告的反感度，培养受众的观看兴趣，从而实现广告信息的有效到达。此外，流媒体技术的发展也使视频、音频等文件能够在宽带网络上顺畅地播出。视听结合的动感画面可以更好地诠释广告产品的特性，给受众留下更深刻的印象，这也是网络媒体能挑战传统媒体的优势所在。

(4)广告价格相对低廉

在传统媒体如电视、报纸、杂志上投放广告的费用一直以来都是比较高的，而网络媒体的广告价格则相对较低。对于一般的企业来说，在广告预算并不充裕的情况下，在网络媒体上做广告是一个可行度较高的选择。

(5)广告监测技术可靠

与传统媒体相比，网络媒体的广告可以通过浏览量、点击量等可量化的数据来反映广告到达受众的情况，比起传统媒体来要明确和可信得多。

2. 劣势

尽管网络广告有着非常多的优势，但其劣势也是较明显的，最为突出也最受关注的是网络广告的监管问题。我国的网络立法发展滞后，新问题、新情况出现之后无法可依的事例层出不穷。

同时，网络媒体的公信力相对于其他传统媒体来说也较低。再加上无序的、虚假的信息泛滥，且得不到很好的清除和遏制，所以网络媒体的公信力危机迟迟无法得到解决。

网络活动的自主性使网民对企业的认同度不高，网络广告的点击率低，而强制网民观看网络广告的行为又势必会引起网民的反感。

此外，网络面向的受众人群主要分布在经济较为发达地区的一定年龄层中，网络广告必须充分考虑受众分布不均这一特点。

二、博客

1. 优势

与单向被动型广告相比，博客这种互动广告的传播力更强。因为互动广告能够直接将品牌效应转化为购买效应，而博客正是一种互动体验型广告的载体。

相对于其他广告,博客广告的首要优势是成本较低。由于当前博客广告还缺乏公认的价格参照,所以商家可以用相对低廉的价格购买到一个点击率高的博客广告位。博客广告的另一个优势是受众比较集中。综合年龄、收入、爱好这三种广告受众的细分模式,基于爱好细分进行广告投放无疑是效果最好的一种模式,而博客广告在无形中轻而易举地实现了这一点。①

2. 劣势

(1)很难自主提高知名度

大多数博客,包括个人博客和企业博客都托管在各大博客网站或门户网站下,没有独立域名。没有网站编辑的推荐,博主很难推销自己。博主只有在获得高点击率的前提下才有机会得到推荐,继而在大众面前发挥出作为一个媒体所具有的功能。因此,如果博客仅仅局限在非常小众的范围内,那么它就没有办法成为一个商业媒体。

(2)操作不成熟

博客广告是一个新兴的事物,不少在博客上投放广告的代理公司都对博客的影响力有具体、苛刻的量化要求,这种要求各公司又有所不同。而且将博客空间的注意力转化成广告力和消费力也存在相当的难度。因为博客广告的投放和监测成熟度还不能和已操作执行了多年的网页广告相比,因而博客广告的回报率难以测定。

(3)利益分配问题

由于博客没有独立域名,在博客上投放的广告与服务器提供商之间便可能产生利益冲突,这一问题目前还无法有效地解决。利益分配问题将在很长一段时间内成为博客广告发展的障碍。

(4)广告监管问题

人们对网络这一虚拟空间内的信息的信任度本来就不高,如果任由广告泛滥甚至任由虚假广告在网络媒体包括博客中投放,则会更加降低人们对网络媒体的信任度,而信任度的缺乏必将给博客广告的传播带来不利影响。

---

① 参见冯智敏. 博客的广告价值[J]. 当代传播,2006(3).

三、播客

播客虽然才兴起不久，但其内容的丰富性比博客有过之而无不及，且播客的画面更加生动活泼，有助于更有效地传播信息。通过对不同目标受众进行细分，不同的广告客户可以将视频广告精确地推送给目标受众。

四、手机

1. 优势

(1)直达个人，干扰小

由于手机广告可以由商家直接送达每一个手机用户手中，因而中间所受的干扰很小，能够最大限度地保证广告讯息以原貌呈现在手机用户面前，达到最佳的传播效果。

(2)人际传播网最为有效

传播学理论认为，人际传播在所有传播中是最有效的一种模式，而手机是天然的人际传播网，它所具有的人性化、个性化特征使它比大众化的传统媒体更具亲和力和说服力，并有可能形成“病毒传播”。

(3)准确定位

从技术上来说，手机能够完全做到全球定位。广告主可以选择在合适的时间和地点对合适的受众发布广告讯息，并能够将广告讯息精确地送达目标受众。

(4)复制、群发讯息简便，易操作

手机短信的复制和群发功能非常简便易行，而且也是日常生活中人们经常会使用到的功能，如果受众对某一广告讯息有兴趣，则可以轻而易举地将广告讯息推荐给他人。

(5)空间拓展前景广阔

手机可以整合其他各种媒体，并与传统媒体相结合。随着4G技术的推广和成熟，随着手机电视的应用日渐成熟、手机资费的不断下调，手机的使用空间会得到更大的拓展和延伸。

2. 劣势

(1)形式单一

现阶段,手机广告最主要的形式还是短信,且大多是垃圾信息。随着短信广告的发展,彩铃和彩信等内容生动、表现形式较丰富的广告依次出现,但与电视广告和网络广告相比仍显单调。

(2)手机广告的市场认知度和市场接受度较低

许多人直接将手机的短信广告等同于垃圾短信或骚扰短信。

(3)费用问题

手机广告要想得到真正的发展,必须依靠网络。而高昂的手机上网费用和4G技术推广的迟缓,使得手机广告被局限在短信广告上,手机广告的主要功能并没有得到充分发挥。

(4)技术问题

4G作为一个口号已经喊了很多年,但真正出台规定和推广4G技术的行动却一直滞后,这对于手机广告的发展来说不能不算是一种损失。

五、移动电视

1. 优势

(1)覆盖面广

以上海东方明珠移动电视为例,截至2015年12月31日,东方明珠移动电视共覆盖9000多辆公交车、近400条公交线路,覆盖上海城区的92%以上,辐射上海15个商业圈,月均受众达2.91亿人次。

(2)移动性强

移动电视在流动的公共空间内传播,能够保证在高速行驶的车辆等交通工具中流畅播放,满足人们在候车及旅途中获取信息的需求。

(3)高关注度、高到达率

广告传播方式的强制性使移动电视广告能够获得高关注度,具有高到达率的特点。

(4)价格优势

移动电视广告的价格是电视广告平均价格的10%左右，从而使移动电视广告逐渐得到了广告主的青睐。

2. 劣势

(1)传播效果有限

移动电视所处的空间嘈杂纷乱，与普通的收视场所有很大的不同，信号遭到干扰的情况时有发生。人们收看移动电视时的心情也与在家收看传统电视时不同，因而传播效果较为有限。

(2)显示屏经常被遮挡

由于拥挤，移动电视的显示屏经常被遮挡。比如地铁车厢内的显示器是不配声音的，相当于早期的无声电影，效果自然大打折扣。

(3)受众流动性强

受众由于流动性强，常常无法完整地看完一个节目。

六、楼宇液晶电视

1. 优势

(1)目标消费者针对性强

商务楼宇联播网、卖场联播网、医药联播网等楼宇液晶电视的最大优势在于定位准确，这些场所的人群一般具有特定的身份和消费倾向，其针对性强是其他媒体所不具备的。

(2)反复刺激性

楼宇液晶电视广告播出的周期性使其能够在某一周期内反复播出，循环刺激受众，加强受众对广告的记忆。

(3)成本较低

以商务楼宇联播网为例，30秒广告的CPM(千人成本)仅为电视的十分之一左右。

(4)空间优势

与传统电视媒体相比，楼宇液晶电视在空间上有很大的优势。从时间上看，白天是受众行动相对频繁的时间段,与户外媒体相比,楼宇液晶电视的内容不仅仅是节选的视频广告,而且常常是完整的广告讯息,更利于刺激受众的购买欲望。

2. 劣势

(1)内容选择受限

由于楼宇液晶电视几乎以纯广告为播出内容,因而在受众的新鲜感过去之后往往会招致受众的反感,因此需要在内容上下功夫。具体来讲有几种方法:增加公共信息服务的内容,减少循环播放的周期,增加互动环节等,以此延续人们对它最初的好感,并把它当作生活中的一部分。

(2)空间拓展

像分众传媒这样的公司几乎占据了中国一线二线城市的主要办公场所、高档住宅,其占领能力与实力几乎无人可以企及。但在空间拓展的同时,广告主还应该考虑其他因素,不仅要考虑价格上的差异,更要考虑其与当地文化的贴合,因为楼宇液晶电视毕竟是一个与接触者朝夕相处的媒体。

第四节　新媒体广告投放费用

因为新媒体广告种类较多,各类型媒体又因媒体所属单位性质的不同、所在地域的不同、传播广告讯息的方式不同等,在广告费用的制定与收取上也各不相同。总的来看,各媒体单位在收取广告费用时主要依据该媒体的传播效果、传播范围、受众类型、媒体自身特点等。比如移动电视媒体因其传播特性与受众的局限性,广告费用定得就比网络媒体稍低;而网络媒体中门户网站的广告费用则比其他类型的网站高。但是,不管各媒体的定价是出于怎样的指导思想,其广告价格都有较大的回旋余地。因而,企业在与媒体单位洽谈广告费用的时候,要尽可能地与媒体单位协商,尽量将广告费用降到最低,以便尽可能地为企业减少广告刊播费用。

同时需要注意的是,各类新媒体在传播广告讯息时没有较权威的监测系统,广告是否按照合同中规定的次数如实播出往往不得而知。这也是企业在选择使用新媒体投放广告时应注意的一个问题。

最后要注意的一点是,目前,国内各种新媒体的广告投放还没有统一的收费标准,仅依据各个城市的整体建设情况及地域特点等因素制定价格标准,并按照广告主的合作意向确定刊播时段,因而各家新媒体的具体价格差异很大。基于这一实际情况，广告主可以在选择新媒体刊登广告时应先进行新媒体市场的相关调查，在对调查数据进行分析整理与评估的基础上，最后选定最合适的媒体投放广告。

下面是新浪和腾讯的广告价目。

一、新浪

1. 新浪网广告报价表(2016 年)

新闻首页要闻区右侧两轮播矩形广告	36 万元/轮/天
	90 万元/CPM(1/2 轮播)
汽车首页要闻区右侧三轮播矩形广告	32 万元/轮/天
汽车首页要闻区右侧两轮播矩形广告	28 万元/轮/天
财经首页要闻区右侧分时矩形广告	7 万元/2 小时(8:00—15:59) 4 万元/2 小时(16:00—23:59) 4 万元/8 小时(0:00—7:59)
体育首页要闻区右侧两轮播矩形广告	22 万元/轮/天
	60 万元/CPM(1/2 轮播)
娱乐首页要闻区右侧两轮播矩形广告	16 万元/轮/天
手机/音乐首页要闻区右侧两轮播矩形广告	2 万元/轮/天
女性首页要闻区右侧矩形广告	8 万元/天
博客首页要闻区右侧两轮播矩形广告	8 万元/轮/天
播客视频打通要闻区右侧矩形广告	9 万元/天
科技军事首页打通要闻区右侧两轮播矩形广告	3.5 万元/天
F1 高尔夫首页打通焦点新闻右侧两轮播矩形广告	5 万元/轮/天
星座首页焦点新闻右侧矩形广告	4 万元/天
读书/育儿首页焦点新闻右侧两轮播矩形广告	2.5 万元/天
饮食首页要闻区右侧矩形广告	2 万元/天
论坛首页要闻区右侧矩形广告	2.5 万元/天
旅游首页要闻区右侧两轮播矩形广告	2 万元/天

2. 焦点图广告(focus picture)

投放广告的文件格式：JPG

各频道尺寸详见制作

汽车首页焦点图	38 万元/帧/天	财经首页焦点图	28 万元/帧/天
体育首页焦点图	22 万元/帧/天	娱乐首页焦点图	20 万元/帧/天
女性首页焦点图	8.5 万元/帧/天	博客首页焦点图	12 万元/帧/天
科技首页焦点图	6.5 万元/帧/天	育儿首页焦点图	4 万元/帧/天
理财首页焦点图	6 万元/帧/天	视频首页焦点图	15 万元/帧/天
F1 首页焦点图	5 万元/帧/天	尚品首页焦点图	3.6 万元/帧/天
手机/音乐/饮食/读书/旅游首页焦点图	3 万元/帧/天	健康首页焦点图	2 万元/帧/天
动漫首页焦点图	1 万元/帧/天		

3. 背投广告(super pop-under)

750×450 Pixels

Max File Size:<35K

投放文件格式:SWF、Gif、JPG

新浪首页两轮播背投	18 万元/轮/天	新闻首页两轮播背投	15 万元/轮/天
汽车首页两轮播背投	12 万元/轮/天	财经首页背投	20 万元/天
体育首页背投	18 万元/天	娱乐首页背投	15 万元/天
女性首页背投	10 万元/天	科技首页背投	9 万元/天
博客首页背投	6.5 万元/天	乐库首页背投	4 万元/天

4. 跨栏广告(mini-skyscraper)

触发前,两侧窄条:25px×300px,<10K;鼠标移上触发动画:950px×90px,<30K,5 秒自动消失,点击关闭 24 小时内不再触发;素材规范:SWF(Flash8)、JPG、Gif,帧频<24fps,触发 Flash 动画最后一帧请添加 stop( )。

新浪首页两轮播跨栏广告	36 万元/轮/天	新闻首页两轮播跨栏广告	25 万元/轮/天
财经首页两轮播跨栏广告	15 万元/轮/天	体育首页两轮播跨栏广告	12 万元/轮/天
娱乐首页两轮播跨栏广告	15 万元/轮/天	博客首页两轮播跨栏广告	10 万元/轮/天
理财首页跨栏广告	5 万元/天	女性/科技首页两轮播跨栏广告	6 万元/轮/天
育儿/读书首页两轮播跨栏广告	2.5 万元/轮/天	军事/乐库首页两轮播跨栏广告	3 万元/轮/天
尚品首页两轮播跨栏广告	1.6 万元/轮/天		

5. 全屏（interstitial ）

尺寸：950×450 Pixels

Max File Size：<50K，Gif/JPG <5 秒，必须是静态图

首页/新闻/汽车首页的报备时间为当日 14：00 至次日 8：59

动态全屏：规范要求见富媒体报价单

首页动态全屏的报备时间为当日 9：00 至 12：59

新浪首页	动态全屏(9：00—12：59) 40 万元/小时	新闻首页	50 万元/小时
	65 万元/小时	汽车首页	32 万元/小时
财经首页	28 万元/小时	女性首页	4 万元/小时
体育首页	24 万元/小时	科技首页	4 万元/小时
娱乐首页	12 万元/小时	F1 首页	5.5 万元/小时
理财首页	4 万元/小时	手机/星座/乐库/旅游/军事/教育首页	2 万元/小时
游戏首页	3 万元/小时	尚品首页	2 万元/小时

二、腾讯

1. 腾讯新闻开机画面广告(2016 年单日报价)

腾讯新闻开机画面广告，持续 4 秒即可跳过，同一广告在同一广告位不可连续超过 2 天，约 50 万元/天。

焦点图广告要闻类页卡 50 万元/天，财经页卡等 30 万元/天，数码页卡等 20 万元/天。

首页不得投放信息流广告，财经页卡等 12 万元/天，数码时尚页卡等 8 万元/天。

基于不同的预算，服务标准不同：

(1)普通客户：单次投放预算小于 100 万元

* 广告支持配置 1 张外层图片
* 详情页支持使用公众号图文消息或者固定模板样式 H5 页面
* "查看详情"文字链支持更多选择：查看详情、下载应用或者预约活动

(2)高级客户：单次投放预算 100 万—500 万元

* 广告支持配置 1 张、3 张或者 4 张外层图片

* 支持投放视频广告:外层小视频为6秒,完整视频在300秒以内

* 详情页支持使用公众号图文消息、固定模板样式H5页面或者自定义H5页面(自定义H5页面最多支持2页内容)

* “查看详情”文字链支持更多选择:查看详情、下载应用或者预约活动

(3)VIP客户:单次投放预算超过500万元

* 广告支持配置1张、3张、4张或者6张外层图片

* 支持投放视频广告:外层小视频为6秒,完整视频在300秒以内

* 详情页支持使用公众号图文消息、固定模板样式H5页面或者自定义H5页面(自定义H5页面最多支持6页内容)

* “查看详情”文字链支持更多选择:查看详情、下载应用或者预约活动

2. 微信朋友圈广告报价

由广告投放地域决定具体价格,单次投放最低预算为5万元。投放地域目前主要分三档,分别为核心城市、重点城市和普通城市。

(1)核心城市:每千次曝光收费图文广告为150元,视频广告为180元,包括北京和上海。

(2)重点城市:每千次曝光收费图文广告为100元,视频广告为120元,包括广州、成都、深圳、杭州、武汉、苏州、重庆、南京、天津、西安、沈阳、长沙、青岛、宁波、郑州、大连、厦门、济南、哈尔滨、福州20个高活跃城市。

(3)普通城市:每千次曝光收费图文广告为50元,视频广告为60元,包括除以上22个城市之外的其他城市。

本章复习思考题

1.互联网媒体的主要传播特点有哪些?

2.互联网媒体为什么会滋生出许多小媒体(如博客、播客、流媒体等)?

3.博客的传播效应究竟怎样?

4.手机媒体传播广告讯息的劣势有哪些?

5.移动电视传播广告讯息的劣势是什么?

6.你如何评价微信广告传播?

第七章 其他媒体

本章重点：电影媒体、DM 媒体和 POP 媒体的特点。

本章难点：DM 媒体和 POP 媒体的信息传播局限性。

第一节 DM 广告媒体

DM 广告(direct mail advertising)主要指邮寄广告，也叫直邮广告。这一广告媒体最早用于西方国家企业间的商业来往，企业为了节省成本和时间，在不必亲自去对方所在地进行信息沟通时就可以给对方写信。后来，一些企业有意识地将自己的产品说明书或者系列产品的定价信息等以信函的形式寄给与其相关联的企业或营销单位。再后来，企业开始专门以寄送信件的方式向消费者寄送本企业所生产或者营销的商品的信息。于是，邮寄广告开始发展起来。

由于 DM 广告是企业或者广告公司通过邮局直接邮寄传递的广告讯息，因此具有广告费用低、广告讯息可直接到达受众、广告内容较详细以及可以与消费者直接沟通等特点。DM 广告自投入应用以来，在许多国家得到了越来越多企业主和受众的欢迎。

一、传播优势

通过 DM 广告传递广告讯息的最大优势是受众目标明确、广告内容详细、接收者可以详细了解广告产品的性能、质量、价格以及售后服务等信息。因此，DM 广告也较为容易获得接收者的信任，产生较好的传播效果。

另外，DM 广告可以被接收者长期保存，因此，其宣传的信息还可以被接收者分享给其他人，实现二度传播。

DM 广告在传播信息时还具有保密性较高的优势。由于是一对一的传播方式,所以竞争对手无法知道该企业的市场营销计划,有利于产品顺利打入市场。

DM 广告大致可以分为四类:第一类是宣传卡片,如传单、折页、明信片、贺年片、企业宣传单、推销信函等;第二类是样本,包括各种手册、产品目录、企业刊物、画册等;第三类是产品说明书;最后一类是企业生产或者营销的商品的价格表,商品营销地域分布、营销概况以及售后服务介绍等。

DM 广告的传播样式大致有以下几种:

(1)信函。采用函札的方式,常用于订货或者联络企业与经销单位、消费者之间的情感。

(2)明信片。采用明信片的方式,其最大特点是传播费用低,可兼做优惠券或招待券。

(3)说明书。可以单面或双面印刷,折叠后和信函一起做成 DM 邮寄给营销单位或消费者个人。

(4)宣传册。如果所宣传的产品信息内容较多,则可以采用装订成册的方式,在制作时尽可能采用图文并茂的方式,以引起接收者的兴趣。

(5)目录样本。主要指经过编印的商品样本,有产品形状、规格、品质、性能等详细介绍,以供消费者选择。

(6)传单。传单成本低、利用价值高、散发范围广泛,在设计与制作时应力求形式新颖别致、内容有趣,以取得良好的宣传效果。

二、传播劣势

因为 DM 广告采用的是直接邮寄给消费者的传播方式,属于"一对一"传播,因而传播面窄,信息传递范围受到一定的限制。由于消费者通常是在一种无意识的状态下收到 DM 广告,所以 DM 广告常常不被人重视,且时常被接收者直接丢弃。

第二节　POP 广告媒体

学术界为 POP 广告下的定义是,POP 广告是指广告主在消费者与商品的直接接触中,在实现商品交换的场所(零售点、百货商场、超市)进行的一种销售现场的直接广告宣传,如橱窗产品展示、售点模特、产品艺术展示等。POP 是英文

"point of purchase"的缩写，一般译为"售点广告"，或通译为"在购物商店内的广告"。从消费者获取广告讯息到产生购买行为的过程看，销售点是购买行为的终端，因此POP广告也被人形象地称为"终点广告"。POP广告掌握终端卖场的话语权及销售现场的主动权，为消费者提供非常直观的产品信息，并通过各种形式有意吸引消费者，引发消费者的兴趣，最终让消费者付诸购买行为。

POP广告的历史非常悠久，早在古代社会，从有物品交换开始，当时的人类为了交换的方便，就在一些固定场所摆放上所要交换的物品，这样的物品展示就可以被看作POP广告的萌芽。后来，当物品交换渐渐演变为产品销售后，尤其是当商品销售有了固定的店铺时，店主为了让自己经营的商品能更好、更多地销售出去，就对店铺内的货架进行一番装饰；再后来，除了对货架进行装饰外，对货物的外观、摆放地点等也进行装饰，于是，售点广告逐渐成熟起来。

到了现代社会，由于同类产品的数量与种类越来越多，企业间的竞争越来越激烈。因此，营销单位为了能让自己经营的商品更好地销售出去，除了采用传统的POP广告模式外，还采用在销售点雇用销售模特、商品促销员等方式，在销售现场为消费者讲解该商品的各种优点，以收到最佳的营销效果。

具体来看，POP广告主要有以下几种模式。

一、橱窗产品展示

橱窗产品展示是指对商场橱窗进行一番精心布置，把商品直接陈列在橱窗里，按照最佳的视觉传播点排列商品，有意突出商品形象与其最独特之处的做法，以吸引经过橱窗的人们，使之对橱窗里的商品产生深刻的印象，而这样的印象往往是促使消费者付诸购买行为的原动力。

在具体操作时要注意，布置橱窗要有一个总体思路，或者说要有一个完整的策划方案。例如，要摆放什么商品、如何突出主题、摆放在什么位置、使用什么造型、周围用什么样的图形或什么产品做陪衬等，广告主都要进行研究并事先策划创意，以求达到视觉传播效果的最大化。

二、售点模特促销

售点模特促销指在商品的具体销售地点安排专职促销人员专门介绍该商品

的好处,回答消费者的相关问题,并且当场演示该商品如何使用。目的就是想方设法调动起消费者的有意注意力,争取获得消费者对该商品的好感,最终达到预期的营销效果。

现代商业经营者在采用售点模特促销策略时往往选用年轻漂亮的女孩担当模特。因为人类对美的欣赏与追求是一种天生的本能,年轻漂亮的女孩本身就很吸引他人的注意力,如果再加上对商品性能、使用方法等的讲解,现场演示便常常会打动消费者,让消费者产生购物心理,从而取得良好的营销效果。

目前,汽车展销会、服装展示会以及产品上市前的展示会等经常会使用售点模特促销模式。

三、产品艺术展示

产品艺术展示主要指在具体销售场地,将准备营销的商品进行一番外观上的艺术设计与包装,使产品外形具有一种超凡的视觉吸引力,从而抓住消费者的眼球,让他们为其漂亮的外形而赞叹,并进而对产品留下美好的印象。不管消费者最后是否购买该产品,只要能让消费者注意到该产品就已经达到预期目的了。因为这样的实物印象牢固度要比其他的广告传播方式强许多,只要能让消费者对产品产生良好的印象,产品的销售就算完成了一半。

然而,这种广告方式也有其局限性,主要是由于产品的外观被包装得过于亮丽晃眼而遮掩了产品本身的形象和实用价值,从而让消费者误以为该产品的价值主要体现在产品包装上,忽略对产品实物价值的认可,如同战国时期那则有名的"买椟还珠"典故一样。

在此我们以服装 POP 广告为例,具体分析 POP 广告传播信息的优势。POP 广告的优势主要表现在以下几方面:(1)广告制作成本低,制作工艺简单;(2)视觉效果好,可视度高;(3)可以充分利用商场内除服装陈列及橱窗之外的剩余空间进行广告宣传;(4)广告易于被受众吸引,传播效果显著;(5)可以配合卖场的各类节庆及优惠活动,协助营造卖场氛围。正是因为服装 POP 广告具有上述优势,所以 POP 广告成了卖场和商家的首选,也成了展现卖场特色和创意的主要表现形式之一。

综上所述,POP 广告在终端卖场有两大作用:一是掌握品牌终端卖场的话语权,为消费者提供商品信息;二是掌握销售现场的主动权,通过各种形式的 POP 广告吸引消费者的注意。

第三节　电影广告媒体

电影广告媒体主要利用电影媒体为其产品进行广告宣传。具体运作方式是在电影放映前或在影片中间、结尾插入一段广告，向观众传递广告讯息。由于这种方式依靠电影影片和电影院进行广告传播，因此这一传播媒体被称为电影广告媒体。

据相关资料显示，电影广告媒体最早起源于美国。20 世纪 50 年代，美国一些电影院在电影放映前观众等候入场的时候向先入场的观众售卖一些小食品，后来电影院有意于在电影放映前，在银幕上显示电影院出售的商品的名称，以吸引更多的观众去购买这些商品。这一传播方式渐渐引起了美国一些商家的注意，于是他们就和电影制片厂取得联系，在制作电影拷贝时设法在电影的中间、开头或结尾插播一段产品广告，为产品进行广告宣传。至此，电影广告媒体的效果正式得到认可。

一、电影广告媒体的优劣势

1. 优势

电影广告媒体对广告讯息的传播有着其他媒体所不具备的优势。首先是观众的注意力较为集中，因为观众来到电影院看电影时的精神状态原本就很放松，因而其注意力比通过其他媒体接收广告讯息时更为集中，对广告讯息的记忆度自然也更高，对广告的印象也更加深刻。

其次，由于电影是被投放在银幕上呈现给观众的，银幕的尺寸要比电视屏幕大出许多倍，因而投放在电影银幕上的广告中的产品形象要比电视屏幕上的更加突出，产品的诸多好处就会更加清晰地展现在观众眼前。作为观众来讲，这样的播放形式也是他们乐于接受的。此时，观众对广告的信任度就会比对电视及其他媒体上的广告更高，因而广告效果也会更好。

2. 劣势

但是，电影广告媒体在传播广告讯息时也有劣势。一是其传播范围较小，只有来电影院看电影的人才会接触到该广告讯息。尤其是在当今社会，人们早已从过去狂热地去电影院看电影改成待在家里看电视。娱乐方式的变化，使电影院的观众越来越少。过去一场电影如果只卖出一二百张票时就要给观众退票，因为电影院管理者觉得观众太少，经济上不划算；现在如果一场电影能卖出一二百张票，电影院就很知足了。二是过去看一场电影只需花一二角钱，而现在一张电影票的价格已涨到了几十块钱乃至上百块钱，许多每月只挣一两千块钱的人没有经济能力去看电影。所以电影广告的传播范围在进一步缩小，广告影响力在不断降低。这也是电影媒体在今后的发展中要重点解决的一个问题。

同时还应看到，在国内，许多观众到现在仍然不接受电影广告。他们认为在电影放映过程中插入广告影响了其观影体验，所以强烈抵制在电影放映过程中插入广告。曾有媒体报道，天津一位观众因为无法忍受电影在放映过程中插入广告，将该电影院告上了法庭，要求赔偿其精神损失。虽然这位原告最后败诉了，但是这件事情却在观众中引起了很大的反响。这说明电影广告媒体的发展仍面临着许多问题。

除了上面提及的传播方式以外，还有在电影院观众休息大厅、售票大厅等公共场所设置电子显示屏、广告牌、宣传画等进行广告宣传的方式，它们也是电影院媒体的一个组成部分。

下面我们重点介绍微电影广告。

二、微电影广告

微电影广告是以新媒体为传播平台，运用电影艺术手法制作而成的具有完整故事情节的视频短片。其主要特点是运用微电影的形式，将广告讯息巧妙地植入微电影中，以达到宣传产品品牌的目的。微电影广告具备微电影的观赏性，能让观众在欣赏精彩剧情的过程中接收广告讯息，与直白的广告相比，微电影广告不容易引起观众的反感。

2010 年，凯迪拉克为宣传其产品而拍摄了一部由名导演执导、名演员表演的微型电影广告片，首次明确提出了“微电影”这一概念。从此，微电影开始快速发展，现已成为被国内外许多商家看好的一种产品信息传播载体。微电影广告与传统电视广告确实有相似之处，但也有其独特的地方。因此，我们有必要对微电影广告和传统电视广告的不同之处加以分析。

1. 表现形式不同

传统电视广告的投放费用在所有广告媒介中是最高的，播放时长也受到很大的限制(电视广告的时长一般是5秒、10秒、15秒、30秒等，通常不超过1分钟)，在有限的时间内，广告只能重点突出产品的某一个点，用短小精悍的创意进行诉求。而微电影广告的时长是几分钟到十几分钟，有比较充足的时间去讲述一个完整的故事，可以清晰地表述品牌的理念，通过故事的演绎从情感上打动观众。

2. 诉求方式不同

传统电视广告受时长的限制，只能用比较直接的手法集中展示产品的主要卖点，用一种说教式的传播方法向消费者宣传自己产品的独特优势。许多广告都是通过直接展示产品的形状、颜色、味道等将产品信息告知观众，以此引起观众的注意，比如食品广告会在广告中展示食品的外观，然后通过模特吃得津津有味的画面镜头来凸显食品的美味。这是一种平淡无奇而且很普遍的表现方式，尤其是在广告创意严重同质化的今天，这些广告就显得十分缺乏观赏性，很容易引起观众的反感，不少观众会选择通过换台来躲避广告。微电影广告不会将诉求对象直接放在产品上面，而是借助一个个故事，通过富有吸引力的情节和特定的视听语言，用一种艺术的、柔和的方式讲述产品信息，用一种巧妙的方式将产品信息融入故事中去。这些故事可能是对人生的思索，也可能是对爱情的歌颂，还可能是对世间美好的赞美。同时，广告主还可以灵活运用幽默、悬疑、科幻等叙事风格，增强微电影广告的表现力。

(3)制作和传播成本不同

微电影广告具有微周期制作和微规模投资的特点。“微周期制作”指微电影广告制作周期短，一般的微电影只需几天就可以完成。“微规模投资”指拍摄一部微电影广告的成本相对较低。桔子水晶酒店集团的第一部微电影广告《让火车叫》，其成本只有3万多元人民币，制作时间只用了不到一周。

传统电视广告通过电视台播出，按照一定的媒介排期呈现在观众面前，每次播放之后便转瞬即逝、不易查存。要想提高广告的到达率就得增加广告呈现在观众面前的次数，而租借电视媒体的费用很高，这就提高了企业的媒介成本。微电影广告的投放平台是网络、移动电子设备等新媒体，投放平台的普及面极其广阔，这就让微电影广告具有了传播上的一个极大优势。微电影广告的主要开支产生于前期的拍摄制作，后期传播所需的费用则较低，甚至可以免费。

第四节　其他媒体

本节介绍的其他媒体与户外媒体并没有本质上的区别，之所以在这里单独予以介绍而没有归入户外媒体一章，主要原因是这几种媒体还具有各自独特的特点，所以列在本节进行专门介绍。

一、大型游艇显示屏

前几年，国外一些城市出现了一种新型广告媒体：在船体两侧装上一堵墙壁似的巨型屏幕，屏幕上有事先排制好的图文广告。到了晚上，船上的屏幕就会不停地播放各种产品的广告，该船沿着游人较多的江面或者湖面慢慢行驶，将广告讯息传播给受众。

由于来到江边或者湖边的游人心情较为放松，观看这样的广告不仅不会令人反感，反而还让人觉得新奇，从而使人对广告讯息的记忆更加牢固。这种媒体现已被引入国内，比如每到夜晚来临，上海外滩黄浦江上就会有一艘两侧装有大屏幕的船沿着江面缓慢地来回行驶，屏幕上的广告讯息便以一种强烈的视觉感染力传送给江边的游客。

二、人体彩绘

人体彩绘也是近年来在国外流行起来的一种广告媒体：广告创意人员先在人体上半身绘制产品的彩色图案，然后将其拍摄成照片，最后再把这一照片制作成平面喷绘或者写真画幅，以户外广告牌或灯箱广告的形式传播出去。

由于在制作人体彩绘时要在人体上半身绘制产品的图案，所以人体就成了这一产品的背景。在实际制作时往往选用女性模特来充当媒体，这主要是利用了人类的异性心理刺激反应。相反，如果产品的目标消费群体为女性，则可以用男性模特为背景。但是，不管用谁做模特，模特都必须赤裸上身，这就引起了一部分观念较为保守的人的反对。他们认为这样的广告宣传有黄色、淫秽之嫌。其实，即使在观念较为开放的一些西方国家，这一广告形式也受到了一定的抵制。但是从法律角度来说，抵制者又拿不出有力的证据证明这种广告传播是黄色、淫秽的思想,因而这一广告形式在相当一部分企业中仍然受欢迎。

不过在国内,这一广告媒体面对的是另一种情形。虽然《中华人民共和国广告法》中对此并没有相关规定,但是具体管理机关还是对这一广告媒体采取了不准许的政策。比如江西南昌一家生产“千年酸枣糕”的企业,就因为制作了一条这样的广告而被当地工商行政管理局以涉嫌违法的名义强行终止了广告。该企业不服此裁定,到法院起诉,结果两审均败诉。这一案例说明,对一个新生事物的看法和态度,直接关系到市场经济与广告业的发展。

三、传真机广告

传真机广告是以传真机作为媒体,以传真的方式将所要告知的产品信息传送给目标消费者的一种广告。20 世纪 70 年代,传真机广告在西方一些发达国家开始流行起来,后来传到了亚洲,我国的台湾和香港一度是传真机广告非常流行的地区。从 20 世纪 70 年代开始,台湾、香港地区各企业和公务机关就已经普及了传真机,很多高层管理人员在家中也安装了传真机。因此,不少企业就利用传真机来传播自己的产品信息。由于传真机广告具有传播目标明确、保密性强、传播速度快、信息量大、点对点传播等优点,所以很快受到了企业界的喜爱。传真机广告在商业上的运用也越来越广泛。

但是这一媒体在传播广告讯息时也有不足之处。一方面,这是一种典型的一对一传播模式,信息传播的到达范围较小,因而影响力不大。另一方面,由于是向对方传播广告讯息,而传播者往往事先并不熟悉接收者,所以接收者收到这样的广告讯息时会有一种莫名其妙的感觉,并对自己的传真号码被企业得知感到担忧,进而对产品产生不舒服的第一印象。这样的印象在很大程度上会影响广告讯息接收者对广告所宣传产品的感觉。

四、新视界自控切换镜面灯箱

近几年,国外研制出一种名为“新视界自控切换镜面灯箱”的新型户外广告媒体,这种新型灯箱的外表是一块乳白色镜面,后面装有集成电路自控切换装置。它事先将客户要宣传的商品或信息照片输入电脑程序中,或者由创意人员运用三维软件将所要传播的广告讯息绘制成动画,输出一份效果图。三维软件绘制动画替代了传统的手动绘制动画，过去需要一个月才能完成的动画，现在只需一两天就能完成。设计制作成广告效果图后，再输入到自控切换装置中。接通电源后，镜面上就会依次出现图像清晰逼真、效果极佳的一幅幅产品广告效果图，并依次排列在镜面的相应位置上。等镜面上的图片排满后，镜面会自动切换下一组图片，全部图片都在镜面上显示后，再自动开始新一轮切换。灯箱的镜面尺寸可大可小，根据客户的要求制作。由于这种新型灯箱广告的诉求讯息能不断地在灯箱上变幻，因而很受消费者的喜爱，企业主对此也表现出了浓厚的兴趣。这一新型灯箱广告媒体已传入我国，并在上海、杭州、南京、无锡等城市的公共场所引起了消费者的极大兴趣。

五、LEB 自动控制电子发光显示屏

LEB 自动控制电子发光显示屏也是近年来传入我国的一种新型广告媒体。LEB 自动控制电子发光显示屏一般为 40 公分×60 公分大小，屏幕主要依靠电源光照亮，屏幕外面贴上所要宣传的广告产品的写真画幅，一般是将整块电子显示屏安装在居民住宅楼的保险门上。到了晚上预定时间，在广告公司的统一控制下，各块显示屏一齐发光，照亮上面的广告画幅。由于张挂的位置较好，受众的注目率高，因此广告传播效果较好。另外，这一媒体的广告费用也不高，比如上海市区的居民住宅楼门口，一块 LEB 自动控制电子发光显示屏一个月的租用费用约为 500—700 元人民币，这样的广告价格便能收到预期的广告效果，还是较为划算的。

本章复习思考题

1.电影媒体传播广告的优劣势有哪些?

2.DM 媒体在我国的未来发展趋势如何?

3.传真机广告的劣势是什么?

4.如何评价 POP 广告?

5.如何评价微电影广告的传播效果?

第八章　媒体投放策略

本章重点：如何就产品的自身特点和媒体特点来选择媒体刊播广告。

本章难点：如何把握各媒体的传播特征并策划出正确的媒体选择方案。

第一节　媒体投放策略

广告媒体的投放指"广告主及其广告代理机构在刊播广告时，根据广告产品的定位策略和市场环境，对各种广告媒体进行分析、比较、组合并实施媒体购买的计划和行动"[①]。

一、媒体投放操作环节

媒体投放的具体环节主要包括以下几个：

1. 市场调查

这里的市场调查指对拟选用的各类媒体进行先期市场调查，调查的内容主要有：(1)本地区传播影响力大的媒体主要有哪几类、哪几家？各类媒体的具体传播效率如何？(2)本地区同类竞争产品目前选择投放的媒体主要是哪几家？刊播的广告内容与效果如何？(3)各主要媒体的观众好感度与信任度如何？(4)各主要媒体的广告刊播费用如何？(5)其他内容。

① 崔银河．广告创意研究[M]．呼和浩特：远方出版社，1999：112.

2. 分析媒体

在调查分析的基础上,具体分析各媒体在传播本产品时所具有的优劣势,从中选择一种或数种媒体。假如要选择数种媒体同时进行广告宣传,则要弄清哪一种媒体对该产品具有独特的传播效应,将其定为主要媒体,将广告费的主要部分用在该媒体上,全力打造这一媒体。其他媒体则作为辅助性媒体为产品的宣传造势,以带给消费者一种欲罢不能的品牌冲击力。

3.对媒体进行细分性选择

分析该媒体哪一时段(电波媒体)或者哪一版面(纸质媒体)的受众接触率高、喜爱度高,从而选择这一时段或者这一版面重点刊播该产品广告。还可分析受众对户外媒体的哪一地段的注目度好、网络媒体的哪一类网站和网页较受网民喜爱等,从而选定该媒体的某一地段等作为该产品的主攻点,力争实现广告效果的最大化。

4.调整媒体选择战略

要根据产品市场营销的实际情形有针对性地调整媒体选择,比如,在该产品的市场引入期,媒体的选择策略应不同于市场占领期;在产品的市场巩固期,媒体的选择策略又不同于市场占领期;而在市场营销衰退期,媒体的选择策略更是不同于前面三个市场营销期。因而,要根据该产品的不同市场占有状况而不断调整媒体选择策略,有针对性地选择合适的媒体,以使广告宣传取得预期的效果。

5.根据目标地域的消费者构成情况选择媒体

比如依据该地区消费者的年龄构成、文化程度、经济收入、民族习俗、地域特点等选择最能迎合该地域目标消费者的媒体,以获得目标消费者对媒体传播的产品信息的认可。

6.其他选择

媒体选择的目的主要是通过分析各类媒体的特点,找出适合广告目标要求的媒体,通过一个或一组媒体将广告准确高效地传递给目标消费者,取得预期的广告效果。

二、媒体投放原则

选择适合的媒体做广告，是广告宣传活动成功与否的重要因素。只有找到适合传播自己商品或信息的媒体，才有可能使广告策划定下的目标市场得到有效的覆盖，才有可能在广告表现产品卖点的同时引起消费者的有意注意。因而在媒体选择的具体操作过程中，应掌握以下原则：

1. 广告的传递范围与品牌营销目标的地域范围一致

比如企业在广告中宣传的产品准备在国内各省市销售，如饮料、汽车、药品等，那么就可以选择全国性广告媒体，如中央电视台、中央人民广播电台、《人民日报》等；如果企业在广告中宣传的产品只打算在某省或某一地区销售，那么就应该选择省级或地区性媒体投放广告。

2. 站在消费者的角度选择广告媒体

因为各类产品都有各自不同的消费群体，而且消费者接受广告宣传的能力又各不相同，因此企业在投放广告时一定要根据消费者的触媒习惯选择媒体。比如，假设要向农民推销化肥，那么在《光明日报》上投放广告的效果就要比在《农民日报》上投放差，也比在电视或广播中投放差。如某饮料品牌曾在某大报纸投放了数次广告但收效甚微，后来改在《半月谈》上投放广告，效果显著，就是因为掌握饮料购买决定权的人喜欢在开会前看《半月谈》。

3. 把握广告在媒体上曝光的次数

有关方面的研究证明，广告在媒体上只曝光一次是很难被人注意到的，一般情况下至少应曝光 5—7 次；一些诉求比较特殊的产品或信息应增加曝光次数。因此，在选择媒体时要充分考虑到这一因素。

4. 从产品的不同卖点出发选择广告媒体

不同企业生产的不同产品有着明显不同的特点，不同企业生产的同一类型产品也有着不同的产品特性和诉求点。因而在给企业的产品制作广告时一定要把产品的不同特点作为主要诉求点，力争用不同的诉求点打动消费者，最终达到预

期的销售产品与占领市场的目的。比如以几种纯净水的广告来讲:

农夫山泉:山上的泉水,自然、纯真、有点甜、口感好。

娃哈哈:我的眼里只有你。

乐百氏:27 层过滤,层层过滤的目的是让消费者喝得放心。

尽管这三家企业生产的都是纯净水,但其宣传的品牌卖点并不相同。因而各个企业就要根据其品牌卖点的特性选择与之相匹配的媒体。

如果广告宣传的卖点有雷同之处,就要避免选择与同类产品在相同的媒体上投放广告,因为那会有为其他同类产品免费做广告的可能性。

但是如果宣传的卖点不同,则可以选择与同类产品在相同的媒体上投放广告。比如在上面所举的例子中,虽然乐百氏、农夫山泉、娃哈哈都曾在电视上投放过大量的广告,但此时又出来一个"高山"牌纯净水,如果"高山"牌纯净水所用的水是矿物质岩层中的水,或者是山上的天然温泉水,经相关机构检验这款纯净水具有保健功效,那就仍然可以选择做电视广告。因为它宣传的是另外一个独特卖点——保健功能,与其他纯净水产品宣传的卖点不同。

5. 考虑广告费用的使用

企业的广告预算是选择媒体时的一个主要考虑因素。企业通常会将企业的经济实力、广告费投入总额与预期达到的广告效果作为选择媒体时的重要因素,如果某个媒体对自己产品的特点、销售区域能带来很好的广告效果,那么尽管该媒体的广告费用很高,广告主也会愿意选择该媒体投放广告。比如娃哈哈集团的产品刚刚在市场上站稳脚跟,就把整个利润全部拿了出来,在中央电视台投放了一整年的广告。第二年,产品的销售额就远远超过了第一年,娃哈哈集团因而获得了丰厚的利润回报。

此外,在具体选择媒体时,还应根据媒体自身特性、广告播放时效、受众接收心理、媒体传播策略与广告效果的关系等客观因素寻找最佳的媒体组合,以期取得预期的最佳广告效果。

下面就以中央电视台广告黄金段位为例做一番分析。

中央电视台广告黄金段位就是依据企业的广告时段需求把中央电视台一套每晚 7:30 分《新闻联播》节目结束到《天气预报》开始前的"一分钟广告时段"分解

而成的 12 条 5 秒广告段位，每一个广告段位都被叫做黄金段位，并将这 12 个黄金段位拿出来进行公开招标与竞标，出钱最多的那个黄金段位被称之为“标王”。

据中央电视台报出的数据，1994 年每一个黄金段位的全年播放权为 1000 多万元，1995 年每一个黄金段位的全年播放权为 2000 多万元，1996 年每一个黄金段位的全年播放权为 6666 多万元，1997 年每一个黄金段位的全年播放权最高为 3.2 亿元，1998 年每一个黄金段位的全年播放权最高为 1.8 亿元，2005 年每一个黄金段位的标价则由 1997 年全年播放权最高的 3.2 亿元降为两月播放权 2049 万元。此后直到今天的十几年间，中央电视台广告段位招标收入的具体数字始终保密，但对外公布的招标总收入越来越高。可见，现如今在中央电视台播出一次广告的费用要远远高于省市台。因此，如果选择 12 个不同省市卫视台并在这一分钟时间内划好顺序时段播出 12 次同一标板内容的广告，其总费用大概只及中央电视台一个黄金段位的五分之一，但其广告效果则要强出许多倍。因为当观众看完《新闻联播》节目后不愿看中央电视台的广告而转换频道时，他在这一分钟不论转到哪个省、市、自治区的卫星频道都有可能看到这条广告。这样一来，这条广告不但用强迫的方式强行进入了观众的脑海，而且在这种如大海浪涛般一浪紧接一浪的视觉冲击中，这条广告更会给消费者一种新奇感；而这样的新奇感则是造成有意注意的一个强动力。这样做就能用较少的广告费用换来很好的广告效果。

6. 注意单一媒体传播策略与组合媒体传播策略的选择

单一媒体传播策略指企业在选择广告媒体时根据产品的性能、品牌视听觉吸引力、定价等因素只选择某一类媒体为其刊播广告，比如只选择电视媒体、广播媒体或报纸媒体投放广告。在确定了某一类媒体后，就要研究具体的媒体选择计划。假如选定的是电视媒体，那么，此时就要确定是选择白天还是晚上，是选择黄金时间段还是电视剧播出时间段，是选择其他节目的开头、中间还是结尾投放广告；如果选择的是报纸媒体，那就要进一步细分是刊登整版、半版还是四分之一版，是选择第一版、第二版还是第三版。这就是单一媒体传播策略的主要操作内容。

组合媒体传播策略指企业采用几种媒体同时进行广告传播的方式，比如同时选择在电视、报纸、户外以及其他媒体上刊播广告讯息，这就是行话中常说的地毯式轰炸广告宣传策略。这样做的好处是能在最短的时间内将广告讯息的传达范围最大化，加深受众对该广告讯息的印象。但从另一方面来看，这种组合媒体传播策略也存在着“雷声大雨点小”“作用差浪费大”的弊端。当然,组合媒体传播策略所需的广告费用远远高于单一媒体传播策略所需的广告费用,因而企业在采用组合媒体传播策略的时候首先要考虑本企业的全年广告预算。

第二节 媒体广告刊播管理

一、广告管理的含义

广义的广告管理指当代社会中一切针对广告活动的监督、管理和指导,既包括国家政府机关对广告活动的管理,也包括广告行业的自我管理以及社会各界对广告活动进行的社会监督。

狭义的广告管理指具有广告执法权的国家工商行政管理总局和各省、市、自治区、县、旗市场监督管理机关以及其他相应行业管理机关依照相关法律法规对广告活动与广告经营实施的管理、监督和指导,具体内容包括对广告主体、广告内容、广告行为、广告影响的管理与监督。

二、广告管理范围

根据中华人民共和国政府的规定,凡在我国境内利用下列媒体形式刊播、安置、张贴广告或用其他形式发布广告的,都属于广告管理的范围。具体包括以下内容:

(1)利用报纸、期刊、图书及其他发行物刊登广告;

(2)利用广播、电视、电影、录像、幻灯及因特网等媒体播放广告;

(3)利用街道、广场、车站、码头、机场及其他建筑物或空间设置路牌、霓虹灯、电子显示牌、橱窗、灯箱、墙壁等广告;

(4)利用影剧院、体育场(馆)、文化馆、宾馆、饭店、游乐场、商场等场所内外设置、张贴广告;

(5)利用车、船、飞机等交通工具设置、绘制、张贴广告;

(6)通过邮局邮寄各类广告宣传品;

(7)利用馈赠实物进行广告宣传;

(8)利用其他媒体或形式刊播、设置、张贴广告。

从上述具体规定中可以看出，我国对广告的管理范围几乎涵盖了在我国境内可能实施广告活动的方方面面，既包括了各种广告主体所实施的广告，也包括了各种广告的经营方式和手段。换句话说，只要涉及含有广告因素的经济活动，都要对之进行广告管理。

三、广告管理法规与伦理

1.《广告法》

对于那些在《广告法》中有明确规定的必须进行审查的产品广告，要依据相关法律法规对广告进行发布前的审查。

在我国国内实施广告审查的法律依据主要是《中华人民共和国广告法》，简称《广告法》。

1990 年年初，国务院决定开展《广告法》的制定工作，并将具体事宜交由国家工商行政管理局负责。1994 年 6 月，《广告法》修改稿由国务院常务会议通过，并正式送交全国人民代表大会常务委员会审议，同年 10 月 27 日第八届全国人民代表大会第十次常务委员会正式通过并向外界公布了《中华人民共和国广告法》，决定《广告法》于 1995 年 2 月 1 日起正式施行。《广告法》的制定、颁布与施行，标志着我国的广告管理真正进入法制化轨道。《广告法》是中国历史上第一部全面规范广告内容、广告活动与广告监督管理的广告法规，是新中国成立后的第一部社会主义性质的广告法。《广告法》的颁布与实施，对促进中国广告业在法制化轨道上健康发展有着重要的现实意义和深远的历史意义。

随着市场经济体制的确立以及经济的快速发展，《广告法》中的具体条款对市场经济条件下的商业往来与广告活动的法律制约作用越来越捉襟见肘，问题越来越明显，主要集中在以下几个方面：

(1)在内容上缺少中央政府对广告业发展规划方面的表述；缺少对广告活动主体基本权利的表述。有关广告发布前的审查条款太少，尤其是关于广告发布前的审查程序与审查机构等规定得较为模糊，这就使得相当一部分广告主有空子可钻，未能在发布前接受审查，更让一些人轻易地逃避广告审查而发布违法、虚假广告。

(2)《广告法》的对象侧重于商业广告、服务性广告，针对缺少对社会性、公共类广告进行规范的法律条款。

(3)《广告法》并未对违反《广告法》的广告活动主体和从事违法广告活动的主体所应承担的刑事责任作出具体规定。

(4)对违法、虚假广告的处罚过轻,尤其是对名人代言的虚假广告没有具体的处罚条款。因此,《广告法》在实践操作中常常起不到法律所应具有的威慑作用,从而降低了其法律效力。

(5)未能对网络广告、移动电视广告、手机广告等新媒体广告活动制定具体的法律规定条款,从而使得国家执法机关在对上述媒体中的违法广告传播行为进行处罚时无法可依,无形中加大了执法的难度,同时也使一些不法分子有了可乘之机,严重损害了消费者的利益。

在这种情形下,《广告法》的修订就被提上了议事日程。从 21 世纪初开始,每年"两会"期间,都会有人大代表和政协委员提案,要求修订《广告法》。从 2004 年起,国务院开始了《广告法》修订的前期调研工作。此后,国家工商行政管理总局专门成立了《广告法》修订调研小组,组织专家学者进行《广告法》的具体修订工作。此后,历经十年时间,终于完成了《广告法》修订的全部工作。新修订的《广告法》于 2015 年 4 月 24 日经第十二届全国人民代表大会常务委员会第十四次会议通过 ,自 2015 年 9 月 1 日正式施行。

与原《广告法》相比,新修订《广告法》有以下变化:

(1)条款更加细化。1994 年版的《广告法》共 6 章 49 条,虽然还是 6 章,但条款增加到了 75 条,新增了 33 条,删除了 3 条,并修改了原《广告法》中的 37 条内容。附则由 1 条增加为 2 条;

(2)充实和细化了《广告法》的内容准则;

(3)明确和新增了广告行为规范;

(4)强化了行政部门的监管职权,提高了法律责任的震慑力;

(5)首次对新媒体广告传播予以法律层面的规定;

(6)用法的形式净化少年儿童成长的环境;

(7)加强了对大众传播媒介进行广告发布行为的监管力度,针对广告发布活动制定了更加细节化的规定;

(8)对公益广告首次作出了明确规定。

2. 与广告管理相关的其他行政规章、规定

除《广告法》外，国家工商行政管理总局还单独制定或会同有关部门共同制定了其他有关广告监督管理的行政规章、规定，主要有：

(1)《广告管理条例》

《广告管理条例》是国务院在 1987 年 12 月 1 日以“国发[1987]94 号文件”的形式制定的一项广告管理行政法规，主要规定了广告管理的宗旨、范围，广告管理机关的管理权限，广告宣传内容应遵循的原则，所禁止的广告表现形式以及广告证明、广告审查、广告经营的原则要求以及违反本条例的查处办法等。

(2)《广告管理条例施行细则》

这是国家工商行政管理局于 1988 年以“工商广字[1988]第 13 号文件”的形式颁布施行，是在《广告管理条例》的基础上制定的一系列更为详细的广告行政管理规则。

(3)《药品广告审查办法》

《药品广告审查办法》是国家工商行政管理局和卫生部于 1995 年 3 月 22 日依据《中华人民共和国广告法》《中华人民共和国药品管理法》中的有关规定而制定的药品广告在发布前接受审查的行政规定。《药品广告审查办法》对药品广告审查的依据，药品广告发布前的初审、终审以及撤销药品广告审查批准文号，违法药品广告的处理等都作了详细规定。

(4)《药品广告审查标准》

这是国家工商行政管理局于 1995 年 3 月 28 日通过的专门针对药品广告的发布审查标准。

(5)《医疗器械广告审查办法》

《医疗器械广告审查办法》(简称《审查办法》)是 1995 年 3 月 8 日国家工商行政管理局和国家医药管理局联合发布施行的一项有关医疗器械广告宣传的审查办法。该《审查办法》详细规定了审查医疗器械广告的依据、机构、全过程以及撤销审查批准文号和违法广告的处理办法等。

(6)《医疗器械广告审查标准》

这是国家工商行政管理局于 1995 年 3 月 3 日颁布的有关医疗器械广告审查的具体标准。

(7)《食品广告管理办法》

这是1993年8月3日国家工商行政管理局和卫生部联合制定的有关食品广告管理办法的行政规定。《食品广告管理办法》对食品广告的内容,食品广告的申请发布程序,禁止发布的食品广告及广告内容、用语、违法广告的处理等都作了详细的规定。

(8)《化妆品广告管理办法》

这是国家工商行政管理局于1993年7月13日通过的对化妆品广告的管理办法。

(9)《农药广告审查办法》

这是1995年4月7日国家工商行政管理局和农业部联合通过的对农药广告进行审查的具体办法。《农药广告审查办法》对农药广告审查的申请、审查程序、审查内容、撤销审查批准文号以及违法广告的处理作了详细规定。

(10)《农药广告审查标准》

这是国家工商行政管理局于1995年3月28日通过的对农药广告进行审查的详细标准。

(11)《兽药广告审查办法》

这是1995年4月7日国家工商行政管理局和农业部联合通过的兽药广告在发布前必须接受审查的具体办法。《兽药广告审查办法》对兽药广告的审查依据、兽药广告审查的申请、兽药广告的重新审查等都作了详细规定。

(12)《兽药广告审查标准》

这是国家工商行政管理局于1995年3月28日通过的有关兽药广告审查的具体标准。

(13)《酒类广告管理办法》

《酒类广告管理办法》是国家工商行政管理局于1995年1月17日通过的,为加强对酒类广告的管理、保护消费者的合法权益和人民群众身体健康而制定的酒类广告在发布前接受审查的具体办法。《酒类广告管理办法》对酒类广告的申请程序、审查过程、不得在酒类广告中出现的内容以及违法广告的处理等作了详细规定。

(14)《烟草广告管理暂行办法》

《烟草广告管理暂行办法》是由国家工商行政管理局于1995年12月20日通过的,为加强对烟草广告的监督管理、保护人民群众身体健康而制定的具体管理办法。《烟草广告管理暂行办法》对烟草广告的审查标准、不得在广告中出现的内容、发布前的申请以及违法广告的处理等作了详细规定。

(15)《广播电视广告播放管理暂行办法》

《广播电视广告播放管理暂行办法》是国家广播电视管理总局于2003年年底制定、于2004年1月1日起正式执行的有关电视广告播出的具体规定。《广播电视广告播放管理暂行办法》主要规定了电视台插播广告时的具体注意事项,重点对电视连续剧中的插播广告以及一些容易引起观众厌烦的广告的播出作了时间上的限制性规定。

(16)地方行政规定

此外,一些地方也制定了有关广告管理的地方行政规定,比如广东、湖北、山东等省制定的户外广告管理规定,甘肃、福建等省制定的广告监督管理条例,北京、上海、广东等省市制定的对特定广告活动或商品服务广告予以规范的行政规定等,对《广告法》进行必要的补充。

与广告有关的其他一些法律法规也在广告业的发展过程中发挥着各自应有的作用。广告作为一种经济活动和信息传播行为,同时也要受到国家《刑法》《民法》《民法通则》和其他社会管理法律法规的约束与规范。如反不正当竞争、消费者权益保护、知识产权保护、合同管理、城市建设、交通、环保、医药卫生管理等。它们在规范广告活动方面均起着直接或间接的作用,是广告法制体系的有力支撑。因此,广告主或广告公司在制定媒体策略时必须对这些因素加以考虑。

毋庸置疑,广告管理法规在我国广告业的发展和广告监督管理工作中起着重要作用:

第一,强化对广告活动的监督管理工作。广告管理法规是对广告活动进行监督管理的主要依据,具有国家强制力。国家根据社会发展与建设的需要而制定一系列的广告管理法规,以使广告活动的监督管理形成制度化、规范化、法制化的监管体系,保证各种广告活动有序地展开。

第二,为广告业的健康发展保驾护航。广告管理法规的制定可以有效地规范广告业的运作,保护合法的广告活动,打击虚假、违法的广告行为,保障消费者的权益,推动广告业健康发展。

第三,使整个广告监督管理工作协调有序地进行。由于广告业的业务运作涉及国家经济活动的方方面面,因而对广告的管理也必然会关联到许多领域,必然会涉及如何明确各有关部门管理权限的问题。《广告法》规定,对广告实行监督管理的机关是工商行政管理机关,其他各有关部门的管理职责是在本系统或部门内贯彻执行广告管理法规,配合工商行政管理机关开展对该部门的广告管理工作。科学的分工有利于协调各方面的关系,充分发挥各部门的管理职能,从而有力地保障广告业的健康发展。

3. 媒体广告道德自律

尽管道德与法律同属意识形态,同是上层建筑的分支,但二者之间又有很大的不同。法律依据的是统治阶级为维护自己的统治而强行制定的条文,而道德靠的却是人们的自觉意识以及多年来约定俗成的规范和社会上各种舆论的监督。

中国古人素来强调参天地、赞化育,以“道”的智慧生发“德”的人生。《中庸》中曾说:“诚之者,人之道也。”古代哲学家的话明确了什么是道德准则。在中国古代思想家的论述中,道德的含义比较宽泛。古代思想家认为,“道”是表示事物运动变化的规律和准则。当人们认识了“道”,用“道”内得于己、外施于人时便把“道”称作“德”。

广告道德作为一种影响面很广的职业道德,是指被特定政治、经济关系所决定的,广告人在从事广告活动时应遵循的行为规范和道德准则。广告职业道德既是整个人类社会道德体系中的一个组成部分,又与商品经济有着密不可分的联系。自从有了商品生产和商品流通,在商业行为中就存在着道德规范。像我国古代社会的“童叟无欺、货真价实”就是对道德规范的遵守;而“君使服于内,犹悬牛首于门而卖马肉于内”(《晏子春秋》),则是对违背道德的行为的揭露。

今天,由于商品经济的大潮越来越猛烈地冲击着传统文化和人们的文化观念,作为商品经济大潮中的一个弄潮儿,广告人始终站在这一大潮的潮头。因此,我们必须将广告传播中的道德自律意识作为广告人的一个基本素质加以重视。

广告发布前的道德审查是指依照广告从业人员的道德规范标准而对广告作品进行的审查,其主要内容有:(1)广告从业人员在从事策划、设计、创意、制作广告作品的时候,首先应依照国家工商行政管理局制定的《广告活动道德规范》的规定,以消费者的利益为重,拒绝策划、制作虚假违法广告,切实保障人民群众的生命安全和身体健康,自觉维护消费者利益;(2)自觉执行《中华人民共和国广告法》和其他相关法律法规,保证国家利益不受侵害;(3)带头执行国家下发的有关精神文明建设方面的文件,为精神文明建设和构建和谐社会作出贡献。

在完善广告活动行业自律方面,中国广告协会制定了《中国广告协会自律规则》,中国广告协会四届三次理事会于 1996 年通过了《广告宣传精神文明自律规则》,国家工商行政管理局制定了《广告活动道德规范》等规范性文件。这些自律性的规则在约束广告行业组织成员的广告行为方面发挥着重要作用,是对司法行政措施的重要补充。

在具体操作中,广告道德方面的审查主要指广告从业人员在主观意识上的自觉行为,没有国家法制的强迫制约性。这就对广告人的素质提出了一定的要求,广告人应当自觉构建以消费者利益为上、不为金钱所诱惑的精神层面的规范基点,以这一基点来指导自己的广告活动。国家颁布的广告法规是带有强制性的法制层面上的审查规定,不属于广告道德审查的范畴。比如大连市星海广告文化公司在创办之初就将自觉遵守广告人的职业道德作为其开展广告活动时的行业自律准则,为此在公司业务大厅的醒目位置上张贴了这样一则广告:“本公司承诺将自觉遵守国家工商行政管理总局制定的《广告活动道德规范》和中国广告协会制定的《广告行业公平竞争自律守则》等相关广告活动准则。讲求广告人职业道德和行业自律是我公司的宗旨;因此凡是有发布《广告法》中规定的药品、医疗器械、化妆品等六种特殊商品广告的客户,必须事先提交相关机关的检验、审查报告书,未能提交检验、审查报告书的广告业务,本公司恕不接受。”这虽然是一家规模不算大的广告公司,但其在开业之初就制定了很好的广告人自律守则,并且能以广告人应有的一种职业道德精神去要求、规范自己的广告活动,这一做法自然在消费者心中留下了较好的印象。有一次,一位客户来洽谈一笔费用可观的广告业务,公司发现他们提供的广告语有误导消费者的嫌疑,就提出要其修改,但是客户坚决不同意,并且威胁说如果不按照他们的要求将这句广告语加进去,就要撤回这笔业务。公司最后宁可失掉这项业务,也没按他们的要求使用那句有虚假广告之嫌的广告语。星海广告文化公司的这一做法就是在用行动践行广告人的职业道德自律精神。

综上所述,广告道德审查的核心就是广告人对其广告行为进行的自我监督与约束。这依靠的完全是广告人的自觉性。因此,这一职业道德方面的审查也对广告从业人员的职业操守提出了更高的要求。

从广告市场的运作过程来看,广告伦理指广告主、广告人、广告发布者等从事广告经营运作的广告从业人员在广告活动中理应遵守的行为规范。这种行为规范与广告道德应是同一意旨。因而,本书所叙述的广告伦理指广告伦理道德的综合,是两个概念的统一。

广告是靠一个个颇具创意的好点子、好主意来说服消费者的,因此它又是一门说服艺术。由于广告具有说服性,因而就有人将广告作为商业冒险、投机甚至诈骗的手段。因此,对广告真实性的要求是广告人自觉遵守广告伦理道德的首要表现,同时更是企业提升 CIS 策略与增强市场竞争能力的一个重要手段。

在我国社会主义制度下,随着精神文明建设的不断深入,广告人和广告主的伦理道德意识与道德自律在总体上已经达到了比较高的程度。比如在全国各地开展的声势浩大的"百城万店无假货行动""全国质量万里行""3.15 消费者权益保护日"等,这些活动的开展与深入,在很大程度上对广告主、广告人在道德意识、道德品质、道德文化等方面的提高起到了较好的导向作用。例如,某大城市的一家商厦在电视上发布过这样一条广告:"本商场非常厌恶假货,如在本商场购到假货者,本商场不仅照价退款,同时凭发票赔偿货价两倍之损失。另外,由于个别员工的素质较低或工作中的疏漏,个别商品在出售过程中可能有质量上的误差,因此凡顾客在本商场购得的商品,十日内发现有质量问题的,本商场保退或保换,并承担运输费用。"这条广告既是实话实说,又将讲信誉作为广告的主要诉求点。而讲信誉就是讲道德的具体表现,这样的广告自然能赢得消费者发自内心的喜爱。该商厦的销售额在广告发布后不久就开始飞速提升。

据中央电视台报道,长沙市五一路数百家商店在开展"百城万店无假货"的行动中提出了"购物由你选,质量我监管"的口号。有一次,一位顾客从五一路一家眼镜店购买了一副眼镜,回家一戴发现眼镜在对视力的矫正上存在缺陷,第二天他带着眼镜找到了店里的负责人。眼镜店负责人对此事很重视,但经再三检测却未能找出毛病,于是他们专门从上海请来眼镜专家进行检查,检测仍未有结果,他们又从广州请来有关专家对这副眼镜进行检测,终于找出了问题所在,并依照技术参数为顾客重新免费配制了一副眼镜。

某媒体曾经报道过这样一件事:南京市白下区宁中里一位 105 岁的老人钱道康身体硬朗、头脑清晰、思维敏捷,是远近闻名的健康老寿星。尽管家中经济条件不太好,可是面对以高价请他做广告的 7 家保健品厂家,钱道康老人一点儿也不动心,他说:"我从来没有吃过任何保健品,所以不能说假话骗人。"

讲信誉、讲道德更是国际社会共同遵守的一个准则。一次,英国航空公司某航班由于临时出了机械故障而延误了起飞时间,大部分乘客见状都退了票,只有一位乘客不愿退票。航空公司见此情况,临时决定只载着这一位乘客按原计划飞往目的地。这一举动在社会上引起了很大的反响,航空公司尽管因这次飞行损失了十几万英镑,却赢得了更多乘客的信赖。

在美国汽车运输业竞争日趋激烈的形势下，安飞士（Avis）出租车公司坦诚地打出了广告语："我们在租车业中是老二，但我们不甘于第二，我们将更加努力。"这种将对手推到第一、自己甘居第二的诚实精神既打动了乘客，也赢得了乘客的心。安飞士租车公司的这一做法就是在用行动践行广告人的职业道德和自律精神。

本章复习思考题

1. 制定广告排期时应考虑哪些因素？
2. 综合运用媒体的主要出发点是什么？
3. 选择媒体的依据有哪些？
4. 如何选择媒体才能取得预期的广告传播效果？
5. 什么是广告伦理道德？
6. 广告人如何在自己所从事的广告活动中树立起自觉的职业道德意识？
7. 行业自律的要点有哪些？

附录一
“罗西尼表策划案广告媒体选择”内容摘选 *

一、媒体环境分析

1. 全国电视媒体环境分析

中央电视台(简称“央视”)共有12个频道,其中CCTV-1、CCTV-5、CCTV-6、CCTV-8是较好的选择;CCTV-1的19:00—20:00时段在全国所有频道中收视率最高,但是央视除了能够保证CCTV-1在各省的落地率较高外,其余频道的落地率均无法得到保障。因此,单纯依靠央视的媒体策略会让众多区域出现覆盖盲点,必须用地方强势媒体作为央视的补充。央视影响较弱的地区有广东、上海等地。在央视投放广告的最大好处就是不管广告价格相对于省级卫视、地方台的价格来说有多高,它仍然保持着全世界最低的收视点成本。因为每天有超过5亿的人口收看央视,远远高于美国三大电视网络的收视人数。在央视投放广告的最大问题就是,如果产品在全国没有很高的铺货率,没有健全的营销体系,就可能造成严重的广告投资浪费,甚至出现企业倒闭的情况(如秦池酒)。与此同时,2003年河南、江苏等省对央视广告的拦截现象非常突出,这种现象被地方台当作成功经验并在全国范围内迅速扩散。

31个省级卫视的收视率差距较大,其中湖南卫视、安徽卫视、辽宁卫视等表现较突出,而河北卫视、河南卫视表现较差。综上考虑,我们建议选择投放广告的媒体为:

北京地区:建议选择北京电视1台。

上海地区:推荐在东方卫视。

天津地区:天津电视台经济生活频道为强势媒体,在晚间18:00—22:00有强劲表现,为天津地区优选投放频道。

安徽地区:建议选择安徽卫视。

广东地区:广东卫视影响力较弱,广东人喜欢收看香港翡翠电视台和香港明珠电视台。此外,广东卫视的广告报价偏高,因此,不建议在广东卫视投放广告。建议选择在香港翡翠电视台和明珠电视台轮流投放半个月。这样做不仅可达到提高知名度的目的,而且还能更好地提升广告产品的品牌形象,为产品走向国际市场提前造势。

四川地区:推荐四川卫视。

---

* 个别错字、病句有修改。——作者注

湖南地区：推荐湖南卫视。

辽宁地区：建议选择辽宁卫视。

其他省市区由中央电视台播放的广告覆盖。

2. 平面媒体评估

虽然目前电视是传统媒体中的龙头，但是，平面媒体还拥有很大一部分受众。因此，在平面媒体上也要投放一段时间的广告。

根据平面媒体内容，读者群体构成以及杂志的定位、发行量、覆盖率、性价比、印刷质量、广告环境、在媒体组合中的作用、与相关媒体的交叉重叠，软性广告支持，特殊创意形式接受与否，媒体协商谈判结果，媒体关系平衡，在同一媒体平台上的互动效果等因素做出综合评估，从而决定媒体的选择和使用。

按照报纸版面读者阅读的主动程度，可以将版面分为三种：强制性阅读版面，如国内、国际要闻；半强制性阅读版面，如社区新闻、都市新闻、体育新闻、娱乐报道；选择性阅读版面，如股市、电脑、求职等各类专栏和分类广告、副刊、连载。

基于编辑环境、广告效果、广告费用以及目标群体的针对性因素，我们推荐选择强制性阅读版面，如国内、国际要闻；半强制性阅读版面，如体育新闻、社区新闻、都市新闻等目标群体偏好的版面。

杂志的专业性较强，有很高的保存价值，而且阅读量往往高于实际销量。在杂志上投放广告，要注意针对目标消费群，并要将广告做得有非常高的欣赏价值。

二、目标群体媒体接触习惯

调查数据显示，目前都市受众最愿花时间去“消费”的仍是电视媒体，同时电视也是都市所有媒体中与其受众“传—受”关系维系时间最长久的一种媒体。我们可以在年龄分层上清晰地看出，电视受到了各年龄段人群的普遍喜爱。

报纸是仅次于电视的第二“强势媒体”。调查数据显示，46 岁以上人群在所有受众人群中的报纸接触频率最高，这可能与他们长期以来形成的报纸消费习惯有关，25 岁以下的学生群体对报纸的接触频率最低。

按照消费者收入来划分，月消费 1500 元以上人群的报纸接触率和电视接触率在所有消费人群层次中是最低的；而月消费 1001—1500 元者正好与之相反，他们的报纸接触率（100%）和电视接触率（98.4%）都是最高的；月消费 500 元以下人群的报纸接触率和电视接触率也较低。广播的接触率大致与消费层次呈负相关关系，即消费层次越高，收听广播的人数比例越低；但月消费 501—700 元者例外，其收听广播的人数比例高于月消费 500 元以下者的人数比例。

从接触频率看，月消费 1001—1500 元者收看电视的时间最长，达到 103.3 分钟每人每天，月消费 501—700 元者收看电视的时间最少，只有 74.5 分钟每人每天。看报和上网的时间长短大致与月消费额呈正相关关系，即月消费越高，看报和上网的时间越长；但月消费 501—700 元者例外，其在看报和上网方面所花的时间均低于月消费 500 元以下者。

根据目标群体的定位，电视对目标群体的影响最大，其次为户外广告与报纸。在黄金时间段投放电视广告是最好的选择；户外广告中，车体、路牌和灯箱的贡献率最高。我们应该参照以上分析，有针对性地选择媒体投放广告。

三、媒体目标和策略

针对品牌在市场中的现状，要侧重对品牌知名度、产品认知度的快速提高；借助主流媒体的宣传，配合并推进公关促销活动，从而积累品牌资产，扩大市场份额。

四、广告排期

1. 电视媒体

中央级和省级电视媒体是我们的重点选择。媒体的级别越高，越有利于提高产品的档次；媒体的影响力越大，越有利于提高产品的美誉度；媒体的覆盖面越大，越易于产品的推广宣传；媒体的投放单价较高而整体成本较低，则整体的推广费用较低。具体选择投放广告的中央级和省级电视媒体包括央视一套、安徽卫视、上海东方卫视、北京电视台、湖南卫视、辽宁卫视、翡翠电视台、明珠电视台等。

但是，中央电视台黄金时段的广告价位较高，而且，在《新闻联播》结束后和《天气预报》开始前的这段时间，很多观众会调换电视频道，因而广告的实际到达率很难收到预期的效果，传播效果也很难令人满意。因此，在央视一套继续以19:00《新闻联播》前报时的形式发布广告即可。而在《新闻联播》后的黄金时段，可以将广告分散投放在不同的地方卫视上，这是提高知名度的一个非常好的办法。因此，其他电视媒体的广告投放时间为省级新闻之后、地区天气预报之前。

因为香港是一个著名的国际贸易自由港，为了品牌国际形象的建立，同时也考虑到香港媒体的广告投放量，建议在香港收视率最高的翡翠电视台和明珠电视台各开半个月的晚19:00《时事快报》后的5秒版广告段位。用这一媒体策略来扩大产品的海外影响力，为以后打开国际市场造势。

我们认为，30秒版本和15秒版本的广告整体效果较好，建议初期以30秒广告为主、15秒广告为辅，之后逐渐减少30秒广告，增加15秒广告。其中，30秒广告讲述一个故事情节，传达一个概念；15秒广告维持记忆；5秒广告提醒品牌。

2. 平面媒体

(1)报纸媒体的选择

媒体名称：《环球时报》《参考消息》。

版本：1/2版。

时期及时间：投放一个月，每周一刊发。

(2)杂志媒体的选择

媒体名称：《瑞丽》《读者》。

版本：全版中页。

时期及时间：同步投放一个月。

量度：读者群结构、杂志性质与品牌形象的相关性较吻合。杂志内容、风格、传阅率、价格、印刷质量基本能够满足客户的广告宣传需要。

3. 广播媒体

媒体名称：Music Radio 音乐台。

节目：11：00—12：00 插播新闻后第一时间

版本：15 秒。

时期及时间：一个月。

广告预算

媒介方	广告频率	单位成本	有效篇幅	合计
安徽卫视 19：30	30 天	35000 元	30 秒	1050000 元
上海东方卫视《环球新闻站》（中）	30 天	40000 元	30 秒	1200000 元
北京电视一台 19：35—19：55	30 天	48000 元	30 秒	1440000 元
天津电视台经济生活频道 21：00《黄金剧场》剧中插播	30 天	28000 元	30 秒	840000 元
湖南卫视 19：30—19：35A1	30 天	23500 元	15 秒	705000 元
辽宁卫视 18：55—18：59《天气预报》前	30 天	14500 元	30 秒	435000 元
香港翡翠电视台 19：00《时事快报》后	15 天	12000（港币）	5 秒	180000（港币）
香港明珠电视台 19：00《时事摘要》后	15 天	11500（港币）	5 秒	172500（港币）
四川卫视约 19：30A1 插播	30 天	17300 元	10 秒	519000 元
《读者》	2 期	150000 元	彩色整版	300000 元
《瑞丽》内页	1 期	6800 元	一整页	6800 元
《环球时报》	4 期	108000 元	半版彩色	432000 元
《参考消息》	4 期	189000 元	半版彩色	756000 元
中央人民广播电台——《音乐之声》11：00—12：00 插播新闻后第一时间	30 天	1000 元	15 秒	30000 元

广告投放费用：

（1）电视广告合计：6189000 元（人民币）+352500（港币）（约为 377175 元人民币）。

（2）平面广告合计：1494800 元（人民币）。

（3）广播广告合计：30000 元（人民币）。

共计：8090975 元（人民币）。

广告制作费用：

(1)电视广告：每条30秒广告花费200000元(人民币)，共5条。

(2)平面广告：每条平面广告花费2000元(人民币)，共5条。

(3)广播广告：每条花费10000元(人民币)，共5条。

共计：1060000元(人民币)。

其他广告、营销活动费用，包括各类活动赞助、场地演出、售点推销、DM广告等，合计：3000000元(人民币)

其他费用，包括差旅费、业务费、各种办公费用等，合计：300000元(人民币)。

总计：12450975元(人民币)。

参考文献

〔美〕吉·苏尔马尼克．广告媒体研究[M]. 北京:中国友谊出版公司,1991.

陈陪一．中国期刊广告实务研究[M]. 北京:中央文献出版社,2006.

程洁．新数字媒体论稿[M]. 上海:三联书店,2007.

崔银河编著．广告法规与职业道德[M]. 北京:中国传媒大学出版社,2007.

南方报业传媒集团新闻研究所编．南方传媒研究[M]. 南方日报社出版社,2007.

徐春莲,等．英国期刊产业前沿报告[M]. 广州:南方日报社出版社,2007.

崔保国主编．走进日本大报[M]. 广州:南方日报社出版社,2007.

崔保国主编．传媒蓝皮书——2007年中国传媒产业发展报告[M]. 北京:社会科学文献出版社,2007.

南方朔．"杂志"名称的由来[J]. 书城,2002(1).

叶新．美国杂志的分类[J]. 出版发行研究,2003(4).

叶新、庞远燕．美国杂志广告价值分析[J]. 中国出版,2007(2).

林洲英．美国杂志在新媒体冲击下的历史演进过程[J]. 国际新闻界,2003(6).

张伯海．中国杂志业鸟瞰[J]. 出版广角,2001(4).

魏龙泉．广告:美国杂志业的命根子[J]. 出版发行研究,1998(6).

刘雪河．杂志的起源[J]. 文史杂志,1995(4).

欧亚．从文化标签到时代镜鉴——解读美国中产阶级杂志《纽约客》的历史转型[J]. 新闻与写作,2007(2).

饶文瀚．"新""旧"媒体的融合与发展[J]. 广告人,2007(1).

李淑芳．中国杂志广告经营传播透视[J]. 河南大学学报(社会科学版),2006(5).

本书撰写说明

本书是集体智慧的成果，具体分工如下：

绪论，第一章第二节、第三节、第四节由崔银河撰写。

第二章、第一章第一节由孙志宇撰写。

第三章由初云玲撰写。

第四章由徐佩君撰写。

第五章由孟晓艳撰写。

第六章由司徒丹东撰写。

第七章由崔燕撰写。

第八章由崔银河撰写。

全书由郭建飞校对，由崔银河统稿。

图书在版编目(CIP)数据

广告媒体策划与应用/崔银河编著. －2 版. －－北京:中国传媒大学出版社,2017.5
(2023.12重印)
(21 世纪广告学实用教材)

ISBN 978-7-5657-1915-8

Ⅰ.①广… Ⅱ.①崔… Ⅲ.①广告—传播媒介—策划—高等学校—教材
Ⅳ.①F713.81

中国版本图书馆 CIP 数据核字（2017）第 027553 号

广告媒体策划与应用(第二版)

GUANGGAO MEITI CEHUA YU YINGYONG(DE-ER BAN)

编　　著　崔银河
策划编辑　阳金洲　程　平
责任编辑　蒋　倩
责任印制　李志鹏

出版发行　中国传媒大学出版社
社　　址　北京市朝阳区定福庄东街 1 号　　**邮　　编**　100024
电　　话　86-10-65450528　65450532　　**传　　真**　65779405
网　　址　http://cucp.cuc.edu.cn
经　　销　全国新华书店

印　　刷　唐山玺诚印务有限公司
开　　本　787mm×1092mm　1/16
印　　张　10
字　　数　200 千字
版　　次　2017 年 5 月第 2 版
印　　次　2023 年 12 月第 8 次印刷

书　　号　ISBN 978-7-5657-1915-8/F·1915　　**定　　价**　29.00 元